粤知丛书

广东知识产权故事

广东省知识产权保护中心／组织编写

知识产权出版社
全国百佳图书出版单位
—北京—

图书在版编目（CIP）数据

广东知识产权故事/广东省知识产权保护中心组织编写．—北京：知识产权出版社，2024.8．—ISBN 978-7-5130-9401-6

Ⅰ.D927.650.345

中国国家版本馆 CIP 数据核字第 2024VU6795 号

内容提要

本书以广东省创新主体为对象，从知识产权创造、保护、运用、管理、服务等视角讲述9个知识产权典型案例，对每个案例成功的经验或失败的教训进行综合分析，并介绍蕴含其中的知识产权相关知识点，揭示知识产权在激励创新、提升创新主体核心竞争力、服务经济社会高质量发展等方面发挥的重要作用，积极营造尊重和保护知识产权的文化氛围。

责任编辑：张利萍　　　　　　　责任校对：王　岩
封面设计：杨杨工作室·张冀　　责任印制：刘译文

广东知识产权故事

广东省知识产权保护中心　组织编写

出版发行：知识产权出版社有限责任公司	网　　址：http://www.ipph.cn
社　　址：北京市海淀区气象路 50 号院	邮　　编：100081
责编电话：010-82000860 转 8387	责编邮箱：65109211@qq.com
发行电话：010-82000860 转 8101/8102	发行传真：010-82000893/82005070/82000270
印　　刷：天津嘉恒印务有限公司	经　　销：新华书店、各大网上书店及相关专业书店
开　　本：880mm×1230mm　1/32	印　　张：8.75
版　　次：2024 年 8 月第 1 版	印　　次：2024 年 8 月第 1 次印刷
字　　数：198 千字	定　　价：49.00 元
ISBN 978-7-5130-9401-6	

出版权专有　侵权必究
如有印装质量问题，本社负责调换。

"粤知丛书"编辑委员会

主　任：邱庄胜
副主任：刘建新
编　委：廖汉生　耿丹丹　吕天帅
　　　　陈宇萍　陈　蕾　魏庆华
　　　　岑　波　黄少晖　熊培新

本书作者及审校

作　者：刘雪娇　涂雨娴　耿丹丹
审　校：孙欣怡　曾　晴

丛书序言

我们正处在一个非常重要的历史交汇点上。我国已经实现全面小康,进入全面建设社会主义现代化国家的新发展阶段;我国已胜利完成"十三五"规划目标,正在系统擘画"十四五"甚至更长远的宏伟蓝图;改革开放40年后再出发,迈出新步伐;"两个一百年"奋斗目标在此时此刻接续推进;在世界百年未有之大变局背景下,如何把握中华民族伟大复兴战略全局,是摆在我们面前的历史性课题。

改革开放以来,伴随着经济的腾飞、科技的进步,广东省的知识产权事业蓬勃发展。特别是党的十八大以来,广东省深入学习贯彻习近平总书记关于知识产权的重要论述,认真贯彻落实党中央和国务院重大决策部署,深入实施知识产权战略,加快知识产权强省建设,有效发挥知识产权制度作用,为高质量发展提供有力支撑,为丰富"中国特色知识产权发展之路"的内涵提供广东省的实践探索。

2020年10月,习近平总书记视察广东、出席深圳特区建立40周年庆典时,寄望广东"在全面建设社会主义现代化国家新征程中走在全国前列、创造新的辉煌"。2020年11月，习近平总书记在中央政治局第25次集体学习时发表重要讲话，强调"全面建设社会主义现代化国家，必须从国家战略高度和进入新发展阶段的要求出发，全面加强知识产权保护工作，促进建设现代化经济体系，激发全社会创新活力，推动构建新发展格局"。2021年9月，中共中央、国务院印发《知识产权强国建设纲要（2021—2035年）》，描绘出我国加快建设知识产权强国的宏伟蓝图。这是广东省知识产权事业发展的重要历史交汇点！

2018年10月，广东省委、省政府批准成立广东省知识产权保护中心（以下简称保护中心）。自成立以来，面对新形势、新任务、新要求和新机遇，保护中心坚持以服务自主创新为主线，以强化知识产权协同保护和优化知识产权公共服务为重点，着力支撑创新主体掌握自主知识产权，着力支撑重点产业提升核心竞争力，着力支撑全社会营造良好营商环境，围绕建设高质量审查和布局通道、高标准协同保护和维权网络、高效率运营和转化平台、高水平信息和智力资源服务基础等重大任务，在打通创造、保护、运用、管理和服务全链条，构建专业化公共服务与市场化增值服务相结合的新机制，建设高端知识产权智库，打造国内领先、具有国际影响力的知识产权服务品牌，探索知识产权服务高质量发展新路径等方面大胆实践，力争为贯彻新发展理念、构建新发展格局、推动高质量发展提供有力保障。

保护中心致力于知识产权重大战略问题研究，鼓励支持本单位业务骨干特别是年轻的业务骨干，围绕党中央和国务院重大决策部署，紧密联系广东省知识产权发展实际，深入开展调查研究，认真编撰调研报告。保护中心组织力量将逐步对这些研究成果结集汇编，以"粤知丛书"综合性系列出版物形式公开出版，主要内容包括学术研究专著、海外著作编译、研究报告、学术教材、工具指南等，覆盖知识产权方面的政策法规、战略举措、创新动态、产业导航、行业观察等，旨在为产业界、科技界及时掌握知识产权理论和实践最新动态提供支持，为社会公众全面准确解读知识产权专业信息提供指南，并持之以恒地为全国知识产权事业改革发展贡献广东智慧和力量。

由于时间仓促，研究能力所限，书中难免存在疏漏和偏差，敬请各位专家和广大读者批评指正！

广东省知识产权保护中心
"粤知丛书"编辑部
2024 年 4 月

前 言

中华民族是一个极富创新精神的民族,在历史发展长河中创造出丰富的物质文明和灿烂的精神文明,对世界科技进步作出了不可磨灭的贡献,创新基因已深深根植于中华民族的民族禀赋中。创新是知识产权产生的源泉,知识产权是对创新成果的合法保护,知识产权制度为创新提供内在激励机制和动力源泉。党的十八大以来,我国知识产权保护工作取得历史性成就,走出了一条中国特色知识产权发展之路。习近平总书记强调:"要讲好中国知识产权故事,展示文明大国、负责任大国形象。"

广东省是改革开放的前沿阵地,是我国开放程度最高、经济活力最强的区域之一。知识产权是连接创新和市场的重要桥梁,是创新驱动发展的重要支撑,也是区域创新能力的战略性资源和核心要素。广东知识产权综合发展指数连续9年位居全国第一,知识产权高质量发展水平综合指数、知识产权金融化指数、中国商标品牌发展指数均位居全国第一。在广东省知识产权高质量发展的进程中,涌现出很多具有广东特色、蕴含广东智慧的知识产权好故事。

为见证广东知识产权事业的发展历程,传递创新、创造中的知识产权力量,广东省知识产权保护中心自2021年起策划并推出"湾区知识产权故事"系列视频品牌项目,探索以新模式、

前言

新手段宣传广东省出新出彩、守正创新的知识产权典型经验，向社会大众普及知识产权知识，积极打造知识产权人的文化品牌。该系列视频一经推出，社会反响良好。为进一步挖掘典型故事中的知识产权价值，充分发挥品牌文化的传播效应，《广东知识产权故事》编辑组以"湾区知识产权故事"系列视频为基本素材，从知识产权创造、保护、运用、管理、服务等视角讲述9个知识产权典型案例，在详细讲述创新主体知识产权故事的同时，强化对案例成功经验或失败教训的综合分析以及对知识产权基本知识的普及推广，旨在揭示知识产权在引导创新、服务高质量发展等方面发挥的重要作用，积极营造尊重和保护知识产权的文化氛围。本书共分9章，故事聚焦高价值专利打造、创新技术保护、知识产权海外维权、知识产权成果转化、商标品牌塑造等业内热点话题，供广大公众、创新主体和相关机构参考。

本书在编撰过程中，得到了广东省知识产权局及相关部门、有关单位的大力指导，得到了省内创新主体及业内专家的鼎力支持，在此表示衷心感谢。由于编撰时间较紧，研究能力所限，难免存在疏漏和不足之处，敬请广大读者予以指正。

《广东知识产权故事》编辑组
2024年4月

目　录

- **第一章　无效不掉的"自拍神器"，打造实用新型专利神话** / *001*
  - 第一节　另辟蹊径 / 002
  - 第二节　危机四伏 / 003
  - 第三节　化险为夷 / 006
  - 第四节　什么是专利无效 / 009
  - 第五节　厚积薄发 / 012
  - 第六节　知识点总结 / 016

- **第二章　造车新势力小鹏汽车，以专利诠释创新基因** / *030*
  - 第一节　好看的外观 / 031
  - 第二节　外观设计专利保护的发展趋势 / 036
  - 第三节　有趣的灵魂 / 037
  - 第四节　造车新势力专利大比拼 / 044
  - 第五节　做"未来出行的探索者" / 048
  - 第六节　探索的精神 / 050
  - 第七节　知识点总结 / 054

- **第三章　知识产权创佳绩，智能亿航促科技　　　/ 065**
  - 第一节　发展之路 / 066
  - 第二节　知识产权经历 / 069
  - 第三节　遭遇"专利突袭之战" / 071
  - 第四节　NPE 的类型 / 073
  - 第五节　漂亮的反击 / 076
  - 第六节　知识点总结 / 078

- **第四章　五年长跑诉讼，艾比森打破"337 调查"魔咒 / 094**
  - 第一节　什么是"337 调查" / 095
  - 第二节　五年"长跑官司"的来龙去脉 / 097
  - 第三节　棋逢对手 / 099
  - 第四节　什么是"专利流氓" / 103
  - 第五节　乘风破浪 / 104
  - 第六节　一波三折 / 106
  - 第七节　鹿死谁手 / 108
  - 第八节　涅槃重生 / 113
  - 第九节　知识点总结 / 115

- **第五章　突围"337 调查"困局，华思旭获终裁胜诉　　/ 122**
  - 第一节　偶然的创新 / 123
  - 第二节　不速之客 / 127
  - 第三节　兴风作浪 / 128
  - 第四节　什么是专利规避设计 / 133

第五节　旗开得胜 / 135
第六节　一波未平一波又起 / 138
第七节　知识点总结 / 139

第六章　知识产权鉴定所：做公平正义的守护者　　/ 149
第一节　广东省知识产权保护中心鉴定所 / 150
第二节　知识产权鉴定是什么 / 153
第三节　看不见的对手 / 154
第四节　皮某某侵犯商业秘密案 / 156
第五节　廖某某等人侵犯商业秘密案 / 159
第六节　商业秘密是什么 / 161
第七节　知识点总结 / 163

第七章　"华工模式"：打通科技成果转化"最后一公里"　　/ 177
第一节　成果转化的"独门秘籍" / 178
第二节　什么是开放许可 / 183
第三节　成果转化的故事 / 185
第四节　什么是专利许可 / 198
第五节　知识点总结 / 199

第八章　立白商标保卫战，维权之路"拨云见日"　　/ 203
第一节　山寨"立白"防不胜防 / 204
第二节　天下苦山寨久矣，如何避开"山寨立白" / 212

第三节　从容迎战 / 213
第四节　百炼成金 / 214
第五节　知识点总结 / 219

- **第九章　启正电气：练好知识产权保护的"铁布衫"功夫** **/ 231**
  第一节　出海创业记 / 232
  第二节　屋漏偏逢连夜雨 / 235
  第三节　什么是许诺销售 / 239
  第四节　峰回路转 / 241
  第五节　卷土重来 / 243
  第六节　迎刃而解 / 244
  第七节　知识点总结 / 246

- **参考文献** **/ 261**

01 第一章
无效不掉的"自拍神器",打造实用新型专利神话

轻便易携、可自由伸缩与折叠的自拍杆,如今已成为众多家庭出游及日常自拍的理想伴侣。用户只需简单地将手机或相机安装在伸缩杆上,通过遥控器即可轻松捕捉多角度的自拍美照。然而,鲜为人知的是,这项看似普通的自拍杆技术背后,其专利在历经了多达29次的无效宣告请求挑战后,却依然坚如磐石,屹立不倒。

2018年10月14日,源德盛塑胶电子(深圳)有限公司(以下简称源德盛)所持有的"一种一体式自拍装置"专利,凭借其卓越的创新性和市场价值,荣获了国家知识产权局与世界知识产权组织联合颁发的第二十届中国专利奖金奖。这一殊荣不仅是对源德盛在自拍杆领域技术创新实力的高度认可,也彰显了该专利在推动行业进步、开拓市场方面的重要贡献。该专利不仅为源德盛公司开辟了新的市场空间,还助力其实现了数亿元的年销售额。因此,该专利在业界内被形象地誉为"无效不掉的专利",成为技术创新与知识产权保护相结合的经典案例。

第一节　另辟蹊径

成立伊始，源德盛[①]的主营业务是为品牌手机制作模型机，并在2004年进入发展高峰期，公司员工超过3000名，外包加工厂多达十几家，位居同行业全球前列。代工模式仅仅是帮助品牌方在前期快速且低成本地把产品生产出来，侧重于产品制造，十分依赖品牌方的产品技术，导致企业应对市场突变的能力较弱。不仅如此，当时源德盛与国内大多数传统制造型企业一样，严重缺乏"专利意识"，新技术一旦被公开，便被广大同行所借鉴，导致技术流失严重。[②] 2008年，随着智能手机的问世，线上销售占比的攀升，模型机销量快速下降，业界不断涌现后起之秀。2013年，源德盛决定转型，而掌握核心技术才是制造业转型升级的关键。

源德盛首席执行官（CEO）率领研发团队坚定不移走具有自主知识产权的转型路线。由于手机的拍摄功能越来越强大，自拍的价值和意义不断凸显，源德盛决定在顺应手机市场发展的同时，结合在模型机、精密结构件领域丰富的制造经验，启动研发手机辅拍器的项目。自此，手机自拍杆成为源德胜的主营业务。

---

① 源德盛塑胶电子（深圳）有限公司始创于2002年，属于国家高新技术企业，系BVI德盛投资全资投资在中国内地的一家专注于手机周边产品的综合供应商。
② 杨阳腾. 一根自拍杆的"逆袭"[EB/OL].（2020-12-19）[2023-11-17]. https://baijiahao.baidu.com/s?id=1686476478787940880&wfr=spider&for=pc.

第二节　危机四伏

2013年，源德盛根据项目规划，与早期投入自拍杆行业的其他厂商一样，研发出了第一代自拍杆产品，即"分体式自拍杆"。2014年，自拍杆从白宫火到了我国"两会"。自拍成为一种数字文化现象风靡全球，并成为人们向公众展示自己的一种流行方式。Selfie（自拍）入选了《牛津词典》的年度最热词汇，《时代周刊》也将自拍杆评选为2014年度25大最佳发明之一。源德盛所研发的初代自拍杆产品"分体式自拍杆"由四部分组成，分别为手持装置（连接杆）、支撑装置（支撑杆）、杆件装置（伸缩杆）以及夹持装置（手机夹）。"分体式自拍杆"在使用时需要临时组装，且在使用后需要拆卸，因而在实际使用的过程中存在较多不便之处。源德盛的研发团队根据用户的使用意见反馈，加强了对自拍杆的基础研究与关键核心技术攻关，在第一代产品"分体式自拍杆"基础上，研发推出第二代产品"一体式自拍杆"（图1-1）。源德盛根据过往的经验，深知技术保护的重要性，只有对新产品做好了知识产权保护工作，才能保障企业新产品、新技术的市场价值，保持技术创新的发展优势。因此，源德盛委托专利代理机构于2014年提交了"一体式自拍杆"专利申请。

图 1-1　源德盛一体式自拍杆产品

一体式自拍杆推出市场后,其巧妙的结构、人性化的款式设计迅速得到广大消费者的喜爱,一时之间成为自拍杆市场上的热销产品,自出现即成"爆款"。不仅如此,源德盛为国内外多个大品牌代工生产的自拍杆也采用了这一技术。客户需求旺盛,订单如漫天雪花般飞向源德盛工厂,员工士气高涨,企业一派生机。自拍杆制造的技术门槛并不高,却在一片"红海"中脱颖而出的原因是什么呢?董事长单景华表示,坚持自主研发与创新是核心。源德盛以每年 2000 万元的研发投入,专注于自拍杆的设计与研发。为了鼓励创新,源德盛设立了创新激励管理制度,注重对创新人才及突出贡献人员的奖励与晋升。不仅有专门的项目研发奖励,公司内部还定期开展金点子征集活动,意在发动全员参与产品设计的头脑风暴,无论创意是否被采纳都会给予参与者一定的奖励。

然而好景不长,随着自拍杆市场的壮大,源德盛视若生存之本的技术遭到了大量仿制侵权,从推出自拍杆到仿冒品出现,

第一章
无效不掉的"自拍神器",打造实用新型专利神话

前后仅仅历时一个多月。由于源德盛的自拍杆技术较为简单,不少同行厂商便购买源德盛的自拍杆后自行仿制、销售,导致市场上充斥着大量的仿制品,竟呈泛滥之势。并且,仿制品从线上蔓延到了线下,大到主流电商平台,小至购物广场的街角门店均有出售。

源德盛拥有严格的生产质量管控体系、制程管控体系,一个合格的自拍杆诞生需要经过 30 多项产品测试,如按键的 3 万次测试、转轴的 3000 次测试及拉拔力可靠性测试等。而市面上的仿制品均以源德盛的自拍杆为模板生产,只注重产品的外观相似度,也正因如此,消费者会误认为这些仿制品是正版产品。而在价格方面,仿制品的售价仅为正品的一半,甚至低于源德盛的成本价,因此,纵使源德盛的产品是"官方正品",进货商、消费者却更倾向于选择价格相对低廉的销售渠道。更糟糕的是,由于仿制品的质量、工艺良莠不齐,用户的体验感和口碑日益下降,源德盛的订单量也随即断崖式跳水,库存日益增多,库房里堆满了自拍杆的成品和半成品。好不容易打开的市场被这些仿冒产品迅速蚕食,源德盛的研发团队也备受打击。一些从源德盛进货的销售商,因其进货价高于仿制品的售价,也面临着销量骤降的窘境。

2015 年 1 月,源德盛前期所提交的"一种一体式自拍装置"的实用新型专利获得授权(图 1-2)。该项专利共计 13 项权利要求,改进点共 3 处:一是采用了伸缩杆的形态,这一设计满足了使用者从不同距离拍照的需求;二是采用了手机夹持装置,这一设计可以在拍照时形成不同的拍照角度,获取更好的视觉效果;三是采用缺口设计,将伸缩杆回收之后可以将夹持装置

扣到伸缩杆上，形成便携式的状态方便携带。从作用方式上看，类似于可伸缩的折叠雨伞，扇面可折叠、杆身可伸缩，使用时将杆身拉长、扇面撑起实现挡雨，不用时则折叠扇面。

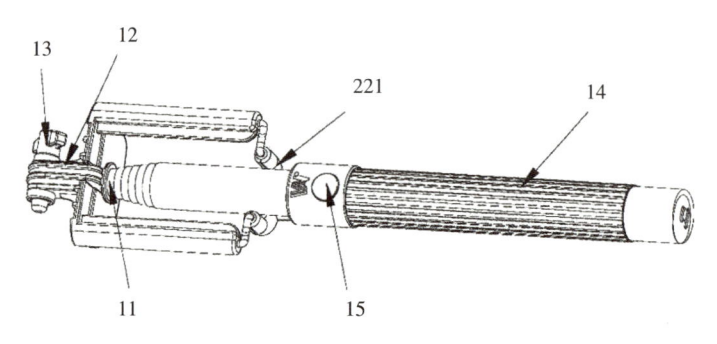

图1-2 "一种一体式自拍装置"实用新型专利附图

自拍杆产品技术获得专利保护后，源德盛本以为市场上的仿制势头会得到一定遏制，可没想到现实却是市面上流通的山寨产品越来越多。这些仿制企业为何毫无收敛呢？一方面，仿制厂家根本不知道源德盛产品取得了专利授权，自然也就不会停止生产、销售侵权产品。另一方面，诉讼维权取证难，维权时间长，维权成本高。仿制厂商正是因为这一点，变得越来越肆无忌惮，它们坚信源德盛不会、不能也不敢将它们一一告上法庭。

第三节 化险为夷

殊不知源德盛早已下定决心，誓将手中的专利权化为利剑，斩除一切搅乱市场的妖魔。源德盛在取得自拍杆的专利权评价

第一章
无效不掉的"自拍神器",打造实用新型专利神话

报告后,将仿制厂商一一送上法庭。源德盛的维权举措不仅得到了公司全体同仁的一致认可,也得到了客户的支持,大家都希望能够将仿制厂商绳之以法,维护企业合法权益,维护市场公平竞争。然而,维权工作在最初开展得并不顺利,源德盛委托了众多律师团队,但都收效甚微,未能达到理想的效果。功夫不负有心人,仿制品售卖的第三年即2017年,源德盛迎来了第一份胜诉判决的好消息。与此同时,从2016年的下半年开始至2017年,源德盛的订单呈现回暖的趋势,这一场胜利也极大地增强了源德盛的信心。接下来,源德盛乘胜出击,多次向法院提起诉讼,向仿制厂商宣战到底。

随着源德盛维权工作的持续推进,打假之战屡传捷报,自然威胁到众多仿制厂商的利益。仿造厂商、批发商以及店主开始找源德盛的麻烦,并联合抵制源德盛的诉讼。有的企业通过向广播电台、电视台等媒体实名举报以及提交上访资料等方式宣传源德盛是"专利流氓"。还有的企业聚众围堵源德盛工厂,并在工厂门前拉起了横幅,导致工人不敢出、不便出、不能出,这对源德盛的企业形象造成了极大影响。当新闻媒体采访源德盛负责人时,董事长单景华则表示问心无愧,源德盛专注技术研发、自主创新,脚踏实地投入制造实业已有20余年,而侵犯知识产权者就应承担相应的责任。甚至,一些仿制厂商连续几年到税务部门举报源德盛偷税漏税,声称源德盛通过专利收入一亿元,却没有缴纳相应的税款。而税务部门工作人员连续两年对源德盛进行税务稽查,却没有发现任何违法行为。源德盛遭到了史无前例的攻击与诋毁,仿制厂商的行为已严重扰乱了源德盛的生产秩序。

对于源德盛而言，比起上述无理行为，针对自拍杆专利提出无效宣告请求才是最为致命的。因为专利一旦被宣告无效，专利将被视为自始不存在，源德盛将失去对该专利的法律保护，进而丧失与仿制品竞争的权利基础。届时，仿制厂商便可肆无忌惮地生产源德盛原专利产品的仿制品，销售商则能够自由销售各种山寨自拍杆了。被源德盛控告的部分侵权企业组织众筹基金达40万元，专门用于聘请律师团队以请求宣告源德盛专利无效。源德盛的对手们对于无效的结果势在必得，曾放言"没有无效不掉的专利"。然而，源德盛的该项专利在历经29次请求宣告专利权无效后仍巍然屹立，该项实用新型成了专利中的"不倒翁"，创造了"无效不掉的专利"传奇故事。

目前，"一种一体式自拍装置"实用新型专利中，除了第一份无效决定宣告独立权利要求1无效，其余均在权利要求2~13的基础上维持专利权有效（图1-3）。而权利要求2就是经过多次无效宣告请求也无效不掉的权利要求，权利要求2中的"缺口"与"折弯部"正是该专利的核心发明点。参与撰写自拍杆专利申请文件的专利代理师陈琳表示，她万万没想到这件专利申请会带来如此大的影响，并且十分满意这项专利申请为企业带来的效果。在最初的请求宣告自拍杆专利权无效案件中，陈琳团队还是比较担忧的，一是实用新型专利在申请阶段仅需形式审查，其权利的稳定性远不及发明专利；二是自拍杆专利的技术方案较为简单。因此，专利代理师陈琳亲自参与了前10件请求宣告专利权无效案件。可见，认真负责的态度与专业的专利权利要求书撰写能力，如在公开充分的基础上最大范围地设定保护范围、上位概念的概括能力、充分的具体实施例等成就了这项专利。

1. 一种一体式自拍装置,包括伸缩杆及用于夹持拍摄设备的夹持装置,所述夹持装置包括载物台及设于载物台上方的可拉伸夹紧机构,其特征在于:所述夹持装置一体式转动连接于所述伸缩杆的顶端。
2. 根据权利要求1所述的自拍装置,其特征在于:所述载物台上设有一缺口,所述夹紧机构设有一与所述缺口位置相对应的折弯部,所述伸缩杆折叠后可容置于所述缺口及折弯部。
3. 根据权利要求2所述的自拍装置,其特征在于:所述伸缩杆包括若干伸缩节。
4. 根据权利要求3所述的自拍装置,其特征在于:所述伸缩杆上端设有一连接头,该连接头与所述伸缩杆的最上端伸缩节一体式设置。
5. 根据权利要求4所述的自拍装置,其特征在于:所述连接头与所述夹持装置转动连接,且转动连接位置设有锁紧装置。
6. 根据权利要求3所述的自拍装置,其特征在于:所述伸缩杆的下端设有手持部,该手持部上设有拍摄按钮。
7. 根据权利要求6所述的自拍装置,其特征在于:所述手持部包括一防滑区,所述防滑区设有防滑纹。
8. 根据权利要求6所述的自拍装置,其特征在于:所述手持部的底端设有电源开关。
9. 根据权利要求7所述的自拍装置,其特征在于:所述手持部的底端设有"USB"接口。
10. 根据权利要求2所述的自拍装置,其特征在于:所述载物台的上表面为前端高后端低的曲面。
11. 根据权利要求10所述的自拍装置,其特征在于:所述夹紧机构设置于所述载物台的上表面的后端,所述折弯部沿所述载物台的上表面的前端方向凸起。
12. 根据权利要求11所述的自拍装置,其特征在于:所述折弯部沿载物台的上表面的前端方向凸起位置设有一提手以及一体式设于提手下方的软垫。
13. 根据权利要求12所述的自拍装置,其特征在于:所述提手上设有防滑纹。

图1-3 "一种一体式自拍装置"实用新型专利权利要求书

第四节 什么是专利无效

专利无效,是指在专利权授予之后,被发现其具有不符合专利法及其实施细则中有关授予专利权的条件,并经国家知识产权局专利局复审和无效审理部复审确认并宣告其无效的情形,被宣告无效的专利权视为自始不存在。《中华人民共和国专利法》(以下简称《专利法》),第45条规定,自国务院专利行政部门公告授予专利权之日起,任何单位或者个人认为该专利权的授予不符合本法有关规定的,可以请求国务院专利行政部门宣告该专利权无效。其目的是纠正国务院专利行政部门做出的错误授权决定。专利无效是知识产权行业中的典型行为,简言之,专利无效就是将对方的专利"抹杀"。对方作为专利无效宣告请求人,往往会尽可能地列举出涉案专利所涉及的所有无效条款,准备得越充分,请求宣告专利无效的成功率越大。同时,在专利侵权案件中,专利无效作为一种抗辩手段,一方面会影响专利侵权诉讼的实体裁判,另一方面可能会对专利侵权诉讼的程序产生影响,主要体现在导致专利侵权诉讼的中止。

请求宣告专利权无效的具体理由共12项:①发明创造不符合《专利法》第2条规定的发明、实用新型和外观设计的定义;②发明创造不符合《专利法》第19条第1款规定的未经保密审查向外申请专利;③发明或实用新型不符合《专利法》第22条规定的新颖性、创造性和实用性;④外观设计不符合《专利法》第23条的规定;⑤发明或者实用新型不符合《专利法》第26条第3款规定的说明书应当清楚、完整;⑥发明或者实用新型不符合《专利法》第26条第4款规定的权利要求应当得到说明书的支持、清楚简要;⑦外观设计不符合《专利法》第27条第2款规定的图片或照片应当清楚地显示产品的外观设计的规定;⑧对发明创造的修改超范围,不符合《专利法》第33条的规定;⑨发明或实用新型不符合《专利法实施细则》第20条第2款规定的独立权利要求应当记载全部必要技术特征的规定;⑩分案申请修改超范围,不符合《专利法实施细则》第 43 条第 1 款的规定;⑪发明创造不符合《专利法》第 5 条和第 25 条的规定;⑫发明创造不符合《专利法》第 9 条规定的禁止重复授权的规定。

本案中,针对源德盛的维权出击,多地被诉侵权人以专利无效作为有效抗辩手段,轮番向国家知识产权局专利局复审和无效审理部提出专利无效宣告请求。这些无效宣告请求人不仅遍布全国各地,而且提出无效宣告请求的理由也名目众多。关于该项专利的无效宣告理由,有的认为涉案专利不具备《专利法》第 22 条第 2 款规定的新颖性、第 3 款规定的创造性;有的认为权利要求书不满足《专利法》第 26 条第 4 款的要求,权利要求未得到说明书的支持,没有清楚限定权利要求的保护范围;有的认为独立权利要求缺少解决技术问题的必要技术特征,违反了《专利法实施细则》第 20 条第 2 款的规定;还有的以同样的理由和证据再次提出请求;也有个别请求人提出无效宣告请求,却未结合证据具体说明无效宣告的理由。国家知识产权局专利局专利复审与无效审理部相关负责人介绍,自拍杆专利的无效宣告请求系列案突出体现了实用新型专利创造性判断、网络证据公开日期的认定,以及"一事不再理"原则的适用等法律问题。其中,实用新型专利的创造性判断最为关键,所有无效宣告请求案基本均涉及这一问题。

请求宣告专利权无效的具体流程如图 1-4 所示。

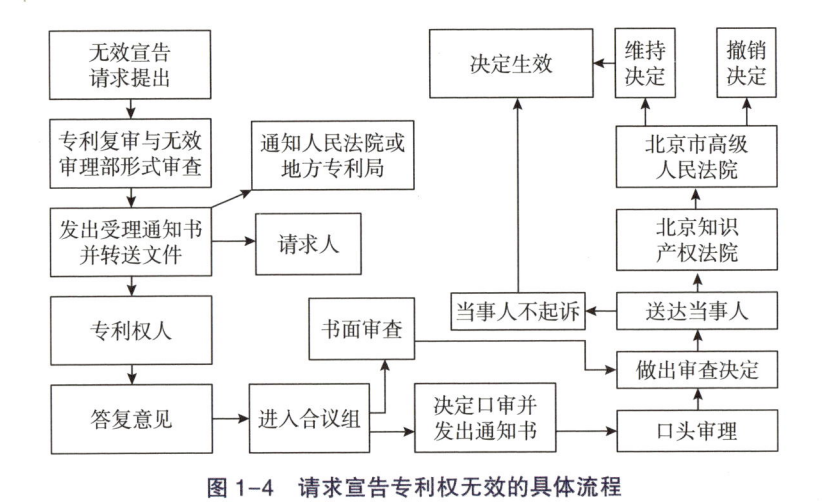

图1-4 请求宣告专利权无效的具体流程

第五节　厚积薄发

最终，源德盛的对手没能等到专利被无效的消息，而遭遇疯狂无效车轮战的专利迎来了"春天"。2018年10月14日，"一种一体式自拍装置"被国家知识产权局与世界知识产权组织授予第二十届中国专利奖金奖。① 源德盛不仅成功抵挡了无尽的专利纷扰，而且取得了国家知识产权部门与世界知识产权组织的高度认可，获此金奖可谓实至名归。源德盛科技部负责人彭

---

① 中国专利奖设立于1989年，由国家知识产权局与世界知识产权组织共同颁发，是我国唯一的专门对授予专利权的发明创造给予奖励的政府部门奖，是中国最高级别的专利奖项和知识产权领域最高荣誉。目前设有中国专利金奖、银奖、优秀奖与中国外观设计金奖、银奖、优秀奖。

第一章
无效不掉的"自拍神器",打造实用新型专利神话

易兵表示,获得中国专利奖金奖是企业在知识产权领域内的一个重要标志,对于源德盛的知识产权保护具有重大的意义。

自2016年起,源德盛启动了大规模的专利侵权诉讼"扫街模式"。2016年2月16日,源德盛以"一种一体式自拍装置"专利为请求权基础,在广东对广州星茂贸易有限公司提起侵犯实用新型专利权的诉讼,打响了源德盛公司以专利诉讼维护商业利益的第一枪。源德盛在全国各地购买了公司自拍杆的仿制品,对每个款式的自拍杆分别提起诉讼,以有效制止全国大范围的侵权行为,并获得相关赔偿。截至目前,源德盛以侵犯其实用新型专利权为由,在全国各地提起了总计6000多起侵犯实用新型专利权的侵权诉讼。部分被告涉及全国各地的大型商场、超市、电子产品专卖店与通信运营商等主体。这6000多起专利侵权诉讼中仅有2000多起案件作出了判决,法院所判决的赔偿金额大多在20万元以内,其余4000起案件多以原告源德盛撤诉为主。通过对撤诉裁定书进行研读,可发现源德盛在撤诉之前或开庭审理过程中,主动修改了诉讼请求,将请求损害赔偿的数额减小,并随后撤回起诉。据此,能够合理地推断源德盛与被告方达成了和解协议,从而撤回起诉。

两千余次的开庭审理大部分以法院支持源德盛的诉讼请求为结局,这也为源德盛带来了一定的经济收益。源德盛一站式的知识产权侵权治理行动,通过制定线上、线下维权方案,在全国范围内以法律武器抗击侵权行为,不但警醒了部分侵权生产者、销售商,更重要的是以席卷之势迅速净化了市场。2019年4月26日,国家知识产权局公布了"2018专利复审无效十大案件","一种一体式自拍装置"实用新型专利权无效宣告请求

案成功入选。该案的典型意义在于，启发创新主体在撰写申请文件时重视平衡专利保护范围与技术贡献之间的关系，对专利权进行分层保护，使权利要求的保护范围清晰合理。

对于源德盛而言，知识产权是保护利器。一项新产品在没有做好知识产权保护的前提下上架就等于在"裸奔"。从2007年至2023年年底[①]，源德盛申请专利接近340件，有效专利[②]为302件，其中实用新型专利183件，外观设计专利117件，发明专利2件。围绕手机自拍杆产品，源德盛申请了146件专利，形成了强大的"专利网"，主要包括装置、方法和外观，同时在装置、外观中针对自拍杆的各项结构进行专利布局，如辅助装置（接头）、夹持装置、杆件装置（伸缩杆、支撑杆）、自拍杆整体结构（夹持和杆件的整体机构）等。[③] 可见，源德盛在知识产权布局方面下了大功夫，以"一种一体式自拍装置"的专利布局为例，如表1-1所示，1~4号专利是源德盛基于产品核心技术形成的核心专利，重点保护的核心技术手段是伸缩杆折叠后可容置于所述缺口及折弯部；在这些专利的基础上，5~13号专利根据自拍杆的具体构成进一步拓展自拍杆产业链的中游及下游技术，是在链条延伸思想指引下围绕自拍杆的功能扩展而获得的专利，起到阻碍专利规避设计的作用；而14~16号专利涉及自拍杆的控制和通信技术，主要起到填补权利人总体布局空白区域的作用，即占据空白。

---

① 本章检索数据来源于粤港澳知识产权大数据综合服务平台，数据统计时间为2023年12月31日。

② 有效专利指专利申请被授权后，仍处于有效状态的专利。

③ 聂兰兰. 通过"专利布局评价两步策略"评价专利布局网研究［J］. 中国发明与专利，2021，18（S1）：18-23.

表 1-1 "一种一体式自拍装置"的专利布局

序号	专利名称	公开（公告）号	申请日	功能定位
1	一种一体式自拍装置	CN204119349U	2014.09.11	核心专利
2	一种一体式自拍装置	CN204592804U	2015.01.30	核心专利
3	一种一体式自拍装置	CN204512889U	2015.02.12	核心专利
4	一种一体式自拍装置	CN204512830U	2015.02.12	核心专利
5	一种多功能支架	CN204284852U	2014.11.21	外围扩展
6	一种手机夹持装置	CN204517897U	2015.03.25	外围扩展
7	自拍杆（果冻）	CN303466916S	2015.05.12	外围扩展
8	自拍杆（金甲虫）	CN303395809S	2015.05.12	外围扩展
9	一种防转伸缩杆	CN204677559U	2015.05.18	外围扩展
10	一种防转伸缩杆	CN204784011U	2015.06.08	外围扩展
11	一种遥控器的安装结构	CN211184091U	2019.11.28	外围扩展
12	拍摄辅助装置	CN212584575U	2020.04.23	外围扩展
13	一种折叠补光灯	CN212986849U	2020.07.01	外围扩展
14	一种拍摄控制系统及其控制方法和自拍杆	CN111212230A	2020.01.15	补充空白
15	一种终端设备和通讯系统及通讯连接方法	CN111246594A	2020.01.21	补充空白
16	一种终端装置和通讯系统及控制方法	CN111225152A	2020.01.21	补充空白

源德盛将知识产权作为创新硬核动力的企业形象促成了一些大牌手机厂商与源德盛的合作意愿，因而获得了不少大型、知名手机厂商的青睐，源德盛成为国内外很多大品牌客户自拍杆类产品的首选供应商，源德盛自拍杆类产品在自拍杆市场占有较高的份额，为自家产品打开了新的市场，也为源德盛迎来

了更好的明天。一款爆红的产品，一项稳定的专利，一枚金灿灿的奖牌，一个以知识产权制度促进企业不断良性发展的鲜活案例，集中体现了一家民营企业的艰辛奋斗史。如果您的企业正在进行产品研发，不妨学习源德盛的经营思路，以创新引领企业市场，用专利护航企业发展，注重专利申请质量，积极维护自身权益，共同营造诚实守信的市场环境。

第六节 知识点总结

1. 如何培育高质量专利

源德盛自拍杆专利之所以成为专利界的"传奇"，一个很重要的原因是被请求宣告专利权无效 29 次后，其专利权依然维持有效。自拍杆专利久经考验，也印证了其当属高质量专利。就高质量专利而言，最基本的要求是专利的授权；最重要的是专利权稳定，即经过多次被请求宣告专利权无效程序等也未能宣告其无效的检验；最关键的是，专利权保护范围的合理性，有一定的保护范围角度和保护范围的梯度。如何提高专利的质量？影响专利质量的因素有哪些？以源德盛的自拍杆专利为例，主要包括以下三大方面的内容。

（1）专利技术的价值。一件专利申请获得授权的条件是必须满足《专利法》所规定的"三性"要求，即新颖性、创造性和实用性。新颖性要求该申请所保护的技术内容不属于现有技术或是抵触申请；创造性要求具备实质性特点与进步；① 实用性要求该专利存在制造或是使用的可能性，并且能够产生积极效果。在新一代自拍杆产品诞生之前，正值智能大屏手机兴盛之际，4G网络日趋成熟，爱美人士热衷于拍照、拍视频分享日常生活。源德盛以实现更方便、快捷的自拍为目标研发出新一代自拍杆产品，其兼具以下功能：一是与手机通信，即通过操作自拍杆手柄，就可完成自拍的动作；二是能伸缩，既满足拍照距离要求，又满足收纳便携的需要；三是小巧，将伸缩杆与手机夹持段收纳在一起，夹持段设置弯曲部恰好容纳伸缩杆。

源德盛在第一代自拍杆的基础上开发了新的自拍杆产品，其缺口与折弯部的巧思设计在行业内绝无仅有，这为自拍杆专利奠定了较好的技术基础。

（2）专利申请文件的质量。一件高质量专利离不开申请人、代理师以及审查员的共同努力。专业的专利代理师不仅要为申请人争取合理的保护范围，保证专利的稳定性，还应具备协助发明人进一步完善技术方案、进行"二次创造"的能力。专利代理师应在发明人提供的技术交底书的基础上，寻找所需解决的新的技术问题，引导发明人推出新的技术方案，进而提高专利申请的质量。

专利申请文件撰写是专利授权的前序环节。专利申请文件中可能存在的问题包括：独立权利要求中未写明体现实质的关键技术手段；权利要求保护范围与说明书实际公开的内容不相称，过大或过小，缺少层次。说明书中对现有技术关于本发明

---

① 发明的创造性要求具备突出的实质性特点和显著的进步。

所要解决的技术问题所采用的技术方案描述不全面，未明确说明发明所要解决的技术问题、所采用的关键技术手段以及取得的技术效果，导致技术形成的过程不清晰等。而在化学领域中，说明书可能缺少必要的实验数据验证所述技术效果，仅仅是宣称或断言，未梳理发明构思从而明确技术问题。[①] 在实际工作中，专利代理师需要根据技术交底书，确定专利的核心发明点。而作为专利代理师，必须要能够理解申请人提供的技术资料，对本领域内的相关术语和技术情况十分了解。同时，必须熟练掌握《专利法》《专利法实施细则》《专利审查指南》等的规定，还需要及时关注审查实践相关动态，把握国家知识产权政策的动向。本案中的陈琳团队秉持认真负责的态度，仔细提炼上位概念，精准把握自拍杆的核心发明点，即一体式转动连接、缺口设计以及折弯部等，而上位概括是有效扩大专利保护范围的一种撰写方式。同时，审查过程中申请文件的修改与意见陈述十分重要。一件高质量专利的授权往往经历了多次答复，优秀的专利代理师需要为申请人争取到尽可能大的保护范围。因此，在最初申请文件的撰写过程中，独立权利要求的保护范围可适当宽泛，在审批过程尽可能有理有据地陈述意见，从而争取相对较宽的保护范围。

（3）专利技术的市场占有度。专利市场价值是高价值专利实现最直接、最核心的体现。随着智能手机在 2010 年的兴起，相机技术在智能手机上得到广泛的应用，手机也能拍出漂亮的照片，"自拍"已经成为一种刚需。相应地，自拍杆在 2014 年

---

① 朱宝华. 浅谈如何撰写高质量专利申请文件［J］. 中国发明与专利, 2019, 16 (3): 95-100.

前后开始火起来，成为一个"风口"。而源德盛恰好抓住了这个"风口"。源德盛的新一代自拍杆产品一上架，产品销量激增，不少国内知名手机品牌与源德盛开展合作，市面上的侵权产品在此后越来越多，源德盛开始踏上维权的漫漫长路。另外，根据市场调研在线网发布的《2023—2029年中国蓝牙自拍杆市场需求预测与投资战略规划分析报告》的数据，2018年中国蓝牙自拍杆市场总规模达到了12.5亿元，同比增长了21.7%。2019年，蓝牙自拍杆市场总规模达到了14.3亿元，同比增长了14.9%；2020年，随着蓝牙自拍杆市场的发展，中国蓝牙自拍杆市场总规模达到了17.3亿元，同比增长了19.8%。这表明国内自拍杆市场的旺盛需求，而源德盛的自拍杆专利通过续费至今仍然有效，也彰显了该专利技术较强的生命力。

2. 如何将专利打造为企业的核心竞争力

研发投入是创新的基础，但企业的创新能力并非与其研发投入直接相关。很多企业虽然加大了研发力度，但创新能力没有得到相应的提升。例如，医药行业的研发投入巨大，且研发时间较长，但也无法保证新药研制成功。源德盛的发展，与其专利实力紧密相关。源德盛每年将营收的7%~8%用于研发投入，2014年至今公司年均投入研发费用2000万元，每年推出30多款新品。时至今日，源德盛已成为手机头部企业的供应商，其自拍杆专利成为其占据行业领先地位的"护身利器"。源德盛究竟是如何将自拍杆专利打造成为其核心竞争力的？总结起来有以下几点。

（1）创新成果的高质量保护。保护知识产权就是保护创新。

并不是技术先进、复杂程度高的高价值专利才需要保护，高价值专利可以是基础性的技术入口专利、承接性的关键节点专利以及前沿性的技术制高点专利。虽然自拍杆专利技术较为简单，但源德盛在研发产品后第一时间便递交了专利申请。企业在确定创新成果的保护路径时，应基于创新成果的特点，因地制宜，选择其合适的保护方式。其中具体的工作包括：

一是合理选择知识产权保护的类型，如商业秘密、商标、软件著作权、发明、实用新型和外观设计等不同的知识产权形式。

二是对创新成果做专利挖掘和布局，寻找可申请专利的创新点。

三是形成高质量的专利，并确保专利内容与产品直接关联，出现仿冒产品时可以进行准确打击。

（2）对侵权者勇敢说"不"。面对投机取巧的不法行为，专利的权利方要敢于亮剑，坚决说"不"。作为行业领军企业，一直以来，源德盛都奉消费者的信任为最高追求，积极履行企业的社会责任，对于任何侵犯消费者权益的行为绝不姑息纵容，并不遗余力地打击违法侵权产品，以维护消费者的合法权益，防患于未然，净化市场环境。因为源德盛深知，对违法侵权产品和行为的漠视，就是与消费者作对，就是置用户利益于不顾，就是逆市场大势而行。源德盛秉承主动打击、积极维权的态度，在全国起诉仿制、销售仿制品商家6000余起，在业界产生了极大的影响。在"自拍杆"实用新型专利批量维权系列案中，最高人民法院知识产权法庭积极推动溯源维权和诉源治理。对于作为侵权源头的生产商，加大侵权惩处力度，鼓励专利权人直接针对侵权产品制造环节溯源维权。源德盛的维权效果也是显著的，侵权者忌惮自拍杆专利，不敢轻易仿造、销售。

（3）跟踪竞争对手，减少对手的专利数量。专利具有"跑马圈地"的属性，是占领现有市场、抢占潜在市场的有力武器。在自拍杆关联的技术中，也会有其他企业申请相关的专利。为了避免受其他企业专利的牵制，可以在专利数据库中跟踪重点关注的企业、发明人和技术，一旦有新的专利出现，及时研读其保护的技术方案。如果本公司的产品恰好落入对方的专利保护范围内，则需要考虑提出公众意见（用于发明专利未授权前）或对其专利提起无效请求（用于实用新型专利公开即授权后），使对方的申请不能授权或专利权失效。源德盛也曾是无效宣告请求人。源德盛针对中山品创塑胶制品有限公司（以下简称中山品创）的3件专利共提起过4次无效宣告请求，中山品创的2件专利被宣告全部无效。2016年，源德盛针对中山品创的一件专利提出专利无效宣告请求，最终双方就该案于2017年5月9日达成和解，中山品创支付源德盛3.5万元。2018年，源德盛再次向广州市知识产权法院起诉中山品创，一审判决中山品创专利侵权成立，认为被告存在主观恶意且"侵权行为性质较恶劣，情节严重"，判赔30万元。中山品创不服，提起上诉，最高人民法院知识产权法庭二审判决为驳回上诉，维持原判。可见，阻止对手专利授权、无效对手的专利，也是提升企业专利竞争力的重要手段之一。

总之，若想将专利打造为企业的核心竞争力，需要在企业发展过程中将专利与市场活动相关联，如招投标、公司广告、产品营销、招商等，充分利用专利的创新实力增强企业实力，逐步建立企业的竞争壁垒,助力企业做大做强。

3. 如何申报中国专利奖

中国专利奖由国家知识产权局与世界知识产权组织(WIPO)联合设立,自1989年起已成功评选了24届。中国专利奖评奖宗旨为"引导和推进知识产权工作对创新型国家建设,以及促进经济发展方式转变发挥重要作用;鼓励和表彰专利权人和发明人(设计人)对技术(设计)创新及经济社会发展做出的突出贡献"。自拍杆的核心专利(专利号:ZL201420522729.0)"一种一体式自拍装置"获得中国专利金奖,离不开源德盛自身的努力,也与中国专利奖的评价体系有关。我们一起来看看关于中国专利奖的小知识。

(1)中国专利奖的评价指标是什么?

中国专利奖的评价指标具体为:专利质量(25%)、技术先进性(25%)、运用及保护措施和成效(35%)、社会效益及发展前景(15%)。

(2)企业知名度是否属于中国专利奖的重要考核指标?

中国专利奖的评定与企业知名度无直接关系。

(3)专利质量如何评定?

专利质量分为"三性"(新颖性、创造性和实用性)与文本质量两个子指标,参评专利在评奖过程中会被重新进行检索分析。

(4)中国专利奖的授奖名额是多少?

中国专利奖设中国专利金奖20~30项、中国外观设计金奖5项、中国专利银奖60项、中国外观设计银奖60项、中国专利优秀奖、中国外观设计优秀奖数量根据申报数量和质量进行确定。其中中国专利金奖、银奖、优秀奖从发明和实用新型专利中评选产生，中国外观设计金奖、银奖、优秀奖从外观设计专利中评选产生。

（5）中国专利奖对企业应用专利的效益有无具体数额要求？

专利技术产生的效益要分经济效益和社会效益，两者均在考虑的范围。对专利产生的经济效益没有具体数额上的要求，由于不同领域的专利效益差距较大，因此会综合评价一般效益与市场份额。从近年的项目来看，大部分申报项目的经济效益较为突出，有些项目虽然没有直接经济效益，但社会效益显著，也能获得很好的评价。

（6）技术先进性的考量指标有哪些？

技术先进性主要考评原创性及重要性、相比当前同类技术的优缺点、专利技术的通用性。

（7）运用及保护措施和成效的考量指标有哪些？

运用及保护措施和成效主要考评效益、运用模式、保护措施以及管理等方面。

（8）社会效益及发展前景的考量指标有哪些？

社会效益及发展前景主要考评社会效益、行业影响力、政策适应性。

（9）通常从专利无效、诉讼等角度分析专利撰写的质量，但大部分专利从未遭遇专利无效或者诉讼。中国专利奖在评奖时该如何评价其专利撰写质量？

专利的撰写质量是非常重要的评价指标，决定了该专利能否获奖。许多企业的专利在平时不注重撰写质量，导致其权利要求在保护范围、"三性"（新颖性、创造性和实用性）等方面出现问题，虽然效益很好，企业十分重视，但最终还是与金奖失之交臂。另外，经验丰富的专业审查员一眼就能大致识别出该专利的质量是否存在明显的缺陷。

（10）如何计算专利获利？如果企业表明通过其专利获利高达1亿元，那么评审会是否会确认其可信度？如何得知效益的源头来自该项专利？如何认定效益与专利之间的因果关系？

企业经济效益的评定主要依靠推荐单位核实确认以及附件支撑材料两个方面。经济效益肯定无法从单一专利中得出，一定是与专利所涉及产品或者项目有关。专家主要从产品、项目或者工程与该专利是否存在直接关系，支撑的附件是否充分，专利技术在该产品、项目或工程中的影响等多角度进行审核。

（11）中国专利奖采用项目推荐的方式，存在哪些推荐渠道？从何处查询全国性行业协会？

中国专利奖的推荐途径目前主要包括各省知识产权局、部委、全国性行业协会、两院院士、知识产权示范企业这几个渠道。全国性行业协会在民政部注册，在其官方网站可进行查询，一般命名为中国某某协会。而院士、计划单列市、副省级城市、知识产权示范企业自荐的项目，须报申报单位所在省（区、市）知识产权局对参评条件及材料真实性审核后，由省（区、市）知识产权局统一向国家知识产权局推荐。

（12）某个行业协会是否只能推荐本行业的企业？

行业协会和院士都只能推荐相关领域的专利参评。

（13）何时才能申报每年的中国专利奖？想申报的企业是否需要提早做好准备？

第一章
无效不掉的"自拍神器",打造实用新型专利神话

一般而言,中国专利奖评选通知会在每年的 2 月底至 3 月初发出。由于受新冠疫情影响,近年时间推迟至每年的 8 月、9 月。部分地方知识产权局会提前做好准备,提前发出遴选项目的通知。各专利权利人需要关注国家知识产权局和地方知识产权局的通知,以便提前做足准备。

(14)从递交申请至结果确定,一般需要多长时间?

大概需要半年时间,中间一共进行 5 轮评审,包括初审、三轮评审、最终审定。

(15)中国专利奖的历年获奖者中,除大企业外,是否存在个体发明人?个体发明人能否申报中国专利奖?

历年中国专利奖的获奖者均有个体专利权人。但个体专利权人肯定关联着企业,否则不存在经济效益。

(16)中国专利奖要求专利是否必须是已经实施的?

专利可以没有直接经济效益,但必须已经实施。有些项目,比如某届中国专利奖的一个地震预测项目,虽然是地震局所推荐的,没有经济效益,但社会效益显著。中国专利奖评奖宗旨是鼓励和表彰专利权人和发明人(设计人)对技术(设计)创新及经济社会发展所做的突出贡献,这种贡献是专利对技术发展和进步、人类生活品质提升所做出的突出贡献,不等同于企业之间的竞争。

从上述问答不难看出,源德盛自拍杆专利的中国专利奖金奖来之不易。获奖的原因主要包括以下几个方面。

(1)专利质量高。自拍杆专利历经 29 次无效宣告请求仍维持专利权有效,充分说明其专利权稳定。

(2)技术先进性高。新一代自拍杆专利诞生于现有技术的

基础上，与同期的其他自拍杆专利相比，创新点突出，设计要点独到。

（3）运用及保护措施和成效优秀。源德盛为维护自身利益，提起大大小小诉讼6000余次，这表明源德盛十分重视自拍杆专利，在专利维权上下足了功夫。同时，源德盛与多家专利代理机构合作。每次在递交专利申请之前，都会先进行深度检索。源德盛还建立了科学的创新激励管理制度，给予员工创新的动力和回报。

（4）社会效益及发展前景良好。源德盛通过实施自拍杆专利及诉讼获赔总计上亿元，占据较高的自拍杆市场份额，走在自拍杆行业的前端，经济效益较高。

4. 如何进行专利布局

专利布局对于一个企业来说至关重要，专利布局应当"质""量"兼顾，处于不同阶段的企业需要不同的专利布局策略。从小企业到大企业，以从单个基础专利到专利组合再到专利网的专利布局底层逻辑为基础，将专利布局上升至企业战略的高度，有利于提升或保持企业竞争优势。

（1）定位基础技术。当企业处于初始起步期时，应首先锁定基础专利。企业处于成长初期的特点主要有规模、资金、技术、人员等受限，专利数量少，专利保护程度较弱等。这个阶段企业的主要目标是将有限的资源投入最基础、最核心的领域，为企业的发展打牢基础。通过技术分解、功能分解、研究专利文献技术功效矩阵等方式挖掘核心发明点。核心发明点可以是基于他人现有技术的改进，也可以是企业原创技术。基础技术

第一章
无效不掉的"自拍神器",打造实用新型专利神话

是企业赖以生存和发展的根基,是企业的核心竞争力。源德盛从配套制造型企业向品牌研发型企业转型时,还是一个不到30人的小工厂,研发了一款一体式的自拍杆后随即申请了专利保护。早期精准定位基础技术可为织密专利网打下坚实基础,为之后的专利许可、转让等交易提供可能性。企业在早期阶段专注于单一型基础技术的保护能为自身带来意想不到的收益。富士康公司生产的连接器是一种很小但较为核心的部件,价格仅为2美元,但利润不菲。围绕这个小小的连接器,富士康公司投入大量的人力与财力,进行了极为深入的研发与挖掘,先后获得8000多项专利,形成该技术领域密不透风的专利"防护墙"。竞争对手意欲渗透或进入或回避简直就是一件"无法完成的任务"。这样的专利布局让富士康维持了连接器领域的霸主地位。

专利储备也是专利布局初期的一项可行性策略。如果企业在进行基础技术研发的过程中研发出一些当下尚派不上用场但具有一定市场潜力的技术,可先将之申请专利予以保护,待日后时机成熟再重启使用。专利储备不仅能够为今后企业产品的更新换代提供方向,还能成为改变企业命运的齿轮。2012年,美国影像巨头柯达公司在获得了破产法庭的批准之后,出售其名下的1100项专利,最终与美国RPX公司(RPX Corporation)以及高智公司(Intellectual Ventures)以5.25亿美元成交,所获得的巨额资金避免了柯达公司破产的命运。

(2)组建专利组合、初级专利网。建立了坚实的专利地基之后,企业渐渐积累了资金资源、技术人力等,此时企业处于发展壮大期,这个阶段的企业目标在于提高自身实力、扩大产

品在市场上的覆盖范围、占据一定的市场份额。为此，企业应扩大其专利布局的规模，即形成专利组合、初级专利网，以打破单一专利的局限性。专利组合的对象主要是企业主营领域的核心技术，以起到有效占领市场的作用。专利组合并非是简单地将专利堆积起来，而是需要考虑如何将相互联系但又存在差别的专利结合成专利集合体，以解决同一或不同的技术问题。企业进行专利组合的方式有四种，分别是束型专利组合、伞型专利组合、链型专利组合及星型专利组合。束型专利组合由采用不同原理或结构方案解决同一问题的专利组成，专利间的关系为同属关系，各专利间具备竞争性；伞型专利组合以某一产品系统保护为目标，由产品系统中不同问题模块的解决方案构建多个专利，形成互补关系的专利组合；链型专利组合成员为对核心或基本专利方案起到配套与支撑作用的相关技术专利；星型专利组合中专利间的技术关联为向其他应用领域拓展而衍生出的各种变形方案，组合间专利属于延伸性专利。[1] 可见，束型和伞型专利组合是以是否针对同一问题进行区分的，针对同一问题的专利组合为束型，针对不同问题的专利组合为伞型。源德盛的专利布局偏向于链型专利组合，重点针对上下游的产品、部分元件等展开专利保护。

当专利组合达到一定规模之后，企业便可针对竞争者的某一专利主题下的核心技术构建初级的专利包围圈，形成专利技术壁垒，使竞争者无法绕开我方的核心技术。当企业拥有某项突破性技术时，其竞争对手往往会进行规避设计或寻找替代方

---

[1] 李淼. 基于专利组合模式的布局设计研究 [D]. 天津：河北工业大学，2023.

案以避免侵权。此时企业须从对方的角度分析专利布局，考虑到所有可能的规避设计。

（3）构建严密的专利保护网。当企业处于成熟稳定期时，应当织密专利保护网，努力填补技术的空白区域，这是一个从核心技术到边缘技术的长期发展过程，最终形成大面积、结实、密不透风的专利墙。源德盛在2020年申请了涉及通信领域的专利，起到了查漏补缺的作用。同时，专利网的升级也可从相邻的技术领域入手，即当企业已具备较强的研发水平，对某一领域的技术研发已是"山穷水尽"时，可考虑跨领域进行研发，延伸专利网。但跨领域研发在技术上存在一定的难度，需要企业引进综合性人才、投入大量资金。另外，成熟稳定期的企业可考虑专利并购的布局方式。如果想在短时间内快速完善自身的专利体系，那么并购其他企业不失为一种好选择，但其前提是企业拥有足够资金和相当的规模。例如，微软公司曾成功并购诺基亚公司的专利。微软公司专利技术单一，存在较多技术空白，但诺基亚技术布局分散，H04L、H04M、H04W、G06F专利分类领域都有所涉及，其中H04L领域具备较强的竞争力。微软公司通过并购该领域的专利后正好填补了其技术短板，使微软公司专利布局更为系统完整。

02
第二章
造车新势力小鹏汽车，
以专利诠释创新基因

各式各样的新能源汽车如雨后春笋般出现在消费者的视野中，呈现出百舸争流、百花齐放的景象。其中就包括今天的主角——造车新势力"小鹏汽车"。

2021年6月25日，国家知识产权局《关于第二十二届中国专利奖授奖的决定》正式颁布了第二十二届中国专利奖的各项获奖名单，其中广州小鹏汽车科技有限公司（以下简称小鹏汽车）凭借"汽车"（专利号：ZL201730635075.1）夺得中国外观设计金奖。采用本项外观设计的小鹏G3是小鹏汽车的首款量产车型，其以鲨鱼前脸的造型与全景玻璃为特色，一条腰线贯穿连接车头和尾灯，搭配悬浮式车顶，简约而不失灵动，彰显出十足的青春感和科技感（图2-1）。除了科技美学式的外观，作为纯电动车的小鹏G3还有着一骑绝尘的技术实力，其APS自动泊车辅助系统远远领先其他车型，在2020年年初就以"自动泊车成功率80%，场景覆盖率70%，平均使用率46%"的成绩取得了i-VISTA智能汽车指数的APS自动泊车辅助测试最高分

9.6分，充分展现了其智能辅助系统在行业内的领先性。由此可见，小鹏汽车既拥有好看的外观，亦不失有趣的灵魂。

图 2-1　小鹏 G3 外观设计专利立体图

第一节　好看的外观

第二次世界大战后，汽车产业开始焕发出新的生命力，汽车造型也呈现多元化发展的趋势。随着时代的变迁，汽车展现出各式各样的魅力，20 世纪 60 年代的船型设计、70 年代的多彩复古风格、80 年代的方盒型设计……如今，随着科技发展和社会进步，汽车已成为人们日常生活中必不可少的交通工具，甚至演化成为有情感、有温度的智能伙伴，汽车的"高颜值"无疑成为吸引消费者购买的一项重要因素。在汽车 4S 店的随机采访中，不少人谈及选车最看重的因素时表示"始于颜值，忠于颜值"，并愿意为"颜值"买单。说起汽车外观"颜值"，小鹏汽车榜上有名。

汽车的"颜值"与知识产权之间存在何种联系？简言之，

汽车的"颜值"对应着汽车的外观设计。在 2021 年第二十二届中国专利奖的获奖名单中，小鹏汽车自主研发的智能汽车 G3（图 2-2）一举揽获中国外观设计金奖；同时，小鹏 G3 也荣获汉诺威工业设计论坛 2019 年度"iF 设计奖"，并被收录在 iF 世界设计指南中，成为世界汽车工业设计的典范。在 2023 年 9 月 9 日第十八届中国（无锡）国际设计博览会开幕式上，小鹏 P7 车型获颁第二十四届中国外观设计金奖，这是继小鹏 G3 获得中国外观设计金奖后，小鹏汽车第二次获此殊荣，再次展现了小鹏汽车在创新设计和自主研发等领域的强大实力。中国专利奖是中国专利界最权威的奖项，小鹏汽车优异的专利成绩与其过硬的设计能力和设计团队的努力密不可分。

图 2-2　小鹏 G3 车型

何小鹏作为小鹏汽车的董事长兼 CEO，负责公司的整体战略规划和执行。他带领小鹏汽车团队以用户为中心，以技术为驱动，以创新为核心，致力于打造高品质、高性能、高智能的电动汽车产品和服务。小鹏设计团队从最开始的寥寥数人到如今的 100 人左右，是一个十分国际化的设计团队。他们分别来自不同国家（英国、韩国、印度、德国）、不同企业（奔驰、日产、现代、马自达、广汽、保时捷等）与不同高校（Art Center、CCS、RCA、清华大学、中国美术学院、广州美术学院等），是一个适合孕育创新的进化型组织，年轻、激情、创造力是小鹏汽车设计团队的代名词。

中国外观设计金奖的获得离不开优秀的设计表现，那么小鹏汽车整体的设计理念是什么呢？小鹏汽车设计师张利华[1]表示，小鹏汽车设计理念的大方向是"原创"与"突破"，秉承以用户体验为核心的设计原则——"满足用户意料之内的需求，做到用户意料之外的惊喜"。小鹏汽车通过长期沉淀构建起的"底层逻辑"即设计理念，包括纯粹、极致与先驱。

关于第一点"纯粹"。小鹏汽车以极简主义风格著称，所有车型追求极简风格，从早期的 G3 以及 P5、P7 至如今的爆款 G9、G6 和 X9。从设计的维度来讲，小鹏汽车的设计语言是克制的，简单而优雅，设计团队很少考虑"炸裂"的设计，因为好的设计就是尽可能无设计。关于第二点"极致"。小鹏汽车的设计团队希望产品非常极致，如果克制而不极致，结果就可能是简陋的。关于第三点"先驱"。也即探索的精神。例如，在传统的汽车设计过程中，大多数是单纯做造型设计，因为这是最基础的设计。而优秀的设计团队是更加注重通过设计来提升汽车的用户使用感，在满足消费者汽车颜值需求的同时，实现更多的使用功能，提高汽车的实用性。与此同时，从用户维度而言，实用性与性价比亦十分关键。换言之，小鹏汽车首先需要

---

[1] 张利华，小鹏汽车外观造型设计高级总监（初创团队员工）。2021 世界工业设计大会上，张利华荣获 2021 年度中国设计产业 100 强"十佳设计师"。

满足用户意料之内的需求，其次是给用户以意料之外的惊喜，最后是要保证汽车的价格在消费者可承受的范围之内。例如，早期推出的车型 P7（图 2-3）在外观方面的表现是具有跑车化的风格，而市面上并没有售价在 20 多万元的同类轿跑车型。因此，小鹏 P7 一经推出即获得了年轻消费者的关注，并且在海外市场的价格水平持续高涨。

图 2-3　小鹏 P7 车型

2023 年年底发布的小鹏 X9 更是打破现有 MPV 的中庸"方盒子"造型，采用星舰设计语言，通过锋芒外露的边锋折线带来激进而优雅的车身线条。突破性地采用了 21°倾角的 A 柱，同时在不影响后部空间的前提下，大胆采用了 23°大倾角后风挡的溜背造型，配合全车 17 处的低风阻设计，实现了 0.227Cd 的超低风阻。小鹏 X9 全系标配后轮转向、转弯直径达到同级别最小的 10.8m，甚至比微型车的转弯直径更小，彻底消除了传统 MPV"开大车""不好开"的驾驶感受，还能为辅助驾驶赋能，极大地提升自动泊车的效率。

相较于发达国家，我国的汽车行业起步较晚。从 1953 年中

第二章
造车新势力小鹏汽车，以专利诠释创新基因

国第一汽车制造厂在长春成立，到如今汽车生产制造企业遍地开花，前后仅仅70个年头。在此期间，我国经济迅速腾飞，从当年的自行车王国，一跃成为与美国、日本等现代化国家一样的汽车大国，如今甚至在新能源汽车生产方面已经走在世界前列，成为世界汽车强国。在汽车更新换代的过程中，各大车企越来越重视产品的设计、研发以及知识产权保护。此次小鹏汽车获得中国外观设计金奖，不仅是国家权威机构对国产汽车设计的认可，更是我国汽车自主品牌崛起的见证。在得知荣获中国外观设计金奖后，小鹏汽车设计师张利华的第一反应是兴奋，此次获奖代表着国家机构对于小鹏汽车原创设计的认可。中国专利奖是中国专利界最高荣誉，中国外观设计奖旨在表彰与推广新设计的优秀专利申请与授权，以鼓励和推动企业、个人的创新。中国外观设计金奖对于小鹏汽车而言，不仅表明小鹏汽车的设计符合大众消费者的审美，更是说明小鹏G3具有较高的经济价值，引起消费者的青睐，小鹏汽车以外观设计为突破口成就了销量新高，并为小鹏汽车加速市场扩张奠定了良好的基础。

在常规认知中，外观设计专利没有技术含量，其作用远不及发明与实用新型专利。广东省知识产权保护中心外观设计领域专家表示，外观设计专利往往较发明与实用新型专利在企业的经济效益上有更多的体现。例如，三星和苹果之间的外观设计"世纪诉讼"皆源自诞生于2007年的初代iPhone中独具特色的圆角矩形外观设计，苹果公司凭借这项专利获得5.39亿美元赔偿。一款好的产品外表光鲜亮丽还远远不够，内在的科技实力也非常重要，只有做到秀外慧中，才能真正赢得用户的喜爱和信赖。

第二节　外观设计专利保护的发展趋势

广东省知识产权保护中心外观设计领域有关专家介绍道，2020年我国《专利法》中最突出的一个修改亮点在于将外观设计专利的保护期限从10年延长至15年。一方面，为了便于企业开拓国际市场，提高国际竞争力，我国于2022年成功加入了《工业品外观设计国际注册海牙协定》（1999年日内瓦文本，简称《海牙协定》）①，以便创新主体同时在多个国家获得外观设计保护。《海牙协定》要求缔约方至少给予外观设计15年的保护期限，我国《专利法》对外观设计专利保护期限也作了相应修改，实现与国际接轨，为加入《海牙协定》扫清时间差异性的障碍。通过《海牙协定》提出国际注册申请，在指定国家或者地区获得注册，能有效缩短申请程序。申请人通过海牙体系申请国际注册，仅需向国际局提出一份申请，使用一种语言与货币，缴纳一次费用，经过一次公布即可在被指定缔约方获得有效保护，国际注册费用显著降低。② 另一方面，我国外观设计申请量大幅提升，已居世界首位，关于加强外观设计专利保护

---

① 工业品外观设计国际注册体系被简称为"海牙体系"，它是基于《工业品外观设计国际注册海牙协定》构建的。该协定由日内瓦（1999年）文本、海牙（1960年）文本和伦敦（1934年）文本（已冻结）三个不同的文本组成。《工业品外观设计国际注册海牙协定》与适用于商标领域的《商标国际注册马德里协定》和适用于专利领域的《专利合作条约》共同构成了工业产权领域国际合作的三大体系。

② 曹新明，杨绪东. 我国加入《海牙协定》对外观设计保护的影响[J]. 知识产权，2022（3）：33-49.

的呼声日益强烈。相比其他发展中国家，我国现行专利法对外观设计专利权的保护期限仍然偏短。同时，随着企业"走出去"战略的实施，我国企业在境外获得外观设计保护的需求明显增加。从外观设计保护的实践看，优秀的产品设计通常具有顽强的生命力，出于经营销售的考虑，产品的存活周期也较长。申请人希望其产品可以获得更长期限的外观设计保护，从而延长产品的生命力。因此，从长远考虑，外观设计专利保护期限的延长不仅是我国加入《海牙协定》的需要，更是适应我国工业品外观设计创新能力显著提升的一大需求。

2022年2月5日，我国已正式向世界知识产权组织提交了申请书。同年5月5日，《海牙协定》在中国正式生效。在生效当天，共有49家中国企业提交外观设计国际申请108件。其中，广州小鹏汽车科技有限公司、广州视源电子科技有限公司、广州视睿电子科技有限公司等也成功提交外观设计国际申请。中国加入《海牙协定》后，企业不用再向拟申请外观设计专利的每个国家提交申请，只需向世界知识产权组织国际局进行一次申请，就可以在想要得到保护的成员国内获得工业品设计专利保护。通过一份申请、一次缴费即可同时获得多个国家的专利保护，大大降低了我国创新企业进入国际竞争的成本。

第三节　有趣的灵魂

小鹏汽车不仅在汽车的外观上下足功夫，在科技研发方面也成效显著。2023年3月26日,小鹏汽车完成广州至北京NGP①自动导航辅助驾驶3000千米远征挑战。"这是一次从来没有人做过的硬核远征",这是小鹏汽车CEO何小鹏在2020年10月24日小鹏汽车智能日上描绘的对本次挑战的构想。活动自3月19日起历时共8天,路线从广州小鹏汽车总部始发,途经汕头、泉州、温州、杭州、上海、南京、青岛、济南最终到达北京。这次远征是行业内一次史无前例的挑战,在中国智能汽车自动驾驶领域具有里程碑式的意义。本次挑战的主角是由装备有小鹏汽车自主研发的具有高速NGP智能导航辅助驾驶功能的P7组成的车队,连续8天行驶3675千米,平均每辆车的高速NGP行驶里程达到2930千米。本次远征挑战中,小鹏汽车超级充电桩共覆盖260个站点,共计4571个快充桩、352个慢充桩为测试者提供免费充电服务(图2-4)。

图2-4 小鹏汽车自动导航辅助驾驶远征挑战路线图

---

① NGP即车辆自动导航辅助驾驶功能,全称是Navigation Guided Pilot。此功能开启后,系统会根据导航设置的路径来辅助机动车辆驾驶,从而减轻驾驶员的驾驶疲劳感,避免机动车辆偏离正确导航线路。

第二章
造车新势力小鹏汽车，以专利诠释创新基因

小鹏汽车为什么要大费周折地开展这一长途远征挑战呢？小鹏汽车NGP产品负责人徐汇文表示，一方面，通过这种长距离以及长时间的路程探索，希望让广大消费者了解小鹏汽车NGP这一产品的高可用性、高稳定性以及高场景覆盖度，让消费者看到小鹏汽车在真实的驾驶场景中完全能够满足长途出行的需求。通过辅助驾驶的方式，一定程度上缓解车主的长途驾驶疲劳、焦虑感以及克服不敢上高速公路的心理。另一方面，小鹏汽车亦希望通过3000千米挑战能够吸引媒体、用户来体验自动辅助驾驶的魅力，加速整个汽车行业向智能化变革的信心。除了展现小鹏汽车NGP本身的功能，更是为了让大众知晓小鹏汽车一直致力于为车主提供优质的补能体验。小鹏高速线路布局的不断拓展也是旨在减少"鹏友们"在高速服务区排队等候充电的时间，缓解"鹏友"出行充电"大排长龙"的问题。

那么，在远征的过程中小鹏汽车遭遇到了哪些挑战呢？小鹏汽车自动驾驶产品负责人向志军表示，在本次远征挑战中，遇到的难点主要是恶劣气象与复杂道路条件。首先，本次远征挑战整个里程较长，近3000千米，跨越了祖国的南北。中国每个省份之间的高速公路路况差别较大，因此需要应对一路上不同的复杂路况。其次，行驶途中的多次天气变换，如雨天、雾天等特殊天气，可能影响到汽车部件的感知度，这对整个辅助驾驶而言是具有一定挑战性的。根据远征结束后的数据统计结果，在整个3000千米的里程中，所有参与挑战的小鹏汽车共变道6000多次，而下闸道、通过隧道的情况亦有1000多次，整体的百公里接管①次数仅为0.7次。由此可见,NGP在整个过程中能够极大地帮助驾驶员缓解驾驶疲劳。那么用户对于小鹏汽车NGP在远征挑战中的表现有什么反馈呢?一方面,根据10000多位小鹏汽车用户的实际使用数据,使用小鹏汽车NGP的里程渗透率超过了60%。另一方面,小鹏汽车用户累计使用NGP的里程超过了1700万千米。小鹏汽车凭借着端到端的全栈自研体系优势与高营收占比的研发投入,积累了大量的科技研发成果,并持续推出优秀的明星产品。继2021年向用户开放高速NGP后,小鹏汽车的辅助驾驶功能持续迭代,在2022年9月上线的国内首个量产城市场景高级智能辅助驾驶系统(CNGP)在广州试运行,2023年3月上线了首个全场景辅助驾驶系统(XNGP)并在2024年元旦宣布正式覆盖全国243个主要城市,再一次扩大行业领先优势。

谈及在打造小鹏汽车NGP过程中最难突破的技术,徐汇文表示,高速NGP主要是想实现自主超车、变道、下匝道的能力,以及汽车变道时能够及时感知旁边车道可能遭遇的危险,实现紧急避让的功能,这也是小鹏汽车NGP产品区别于其他汽车的一大重要突破(图2-5)。"全栈自研体系"不仅是自研车端的视觉感知、传感器融合、定位、规划、决策、控制等方面的算法,还包括云端数据运营所需的一系列工具和流程,即数据上传通道、前端数据上传实现、云端数据管理系统、分布式网络训练、数据采集工具开发、数据标注工具开发、软件部署等方面的自研,由此形成数据和算法的全闭环,为快速的功能

---

① 特指汽车的驾驶主体由机器变为人类驾驶员继续执行动态驾驶任务。

迭代打下坚实的技术基础。另外，在 NGP 的研发过程中，小鹏汽车也做了大量的创新工作。例如，在城市道路行驶中，绕行属于必然事件。当出现隔壁车道有车加塞、前方静止车辆等情况时，车主通常选择绕行处理，而小鹏汽车针对上述情形设计"防加塞"功能。若在行驶过程中遭遇隔壁车道有车插入的情况，小鹏汽车对于这种情况的处理并不是一味地礼让，而是自动进行一定的绕行。通过赋予小鹏汽车绕行能力，大大增加车辆行驶的连贯性，提升城市辅助驾驶的效率。

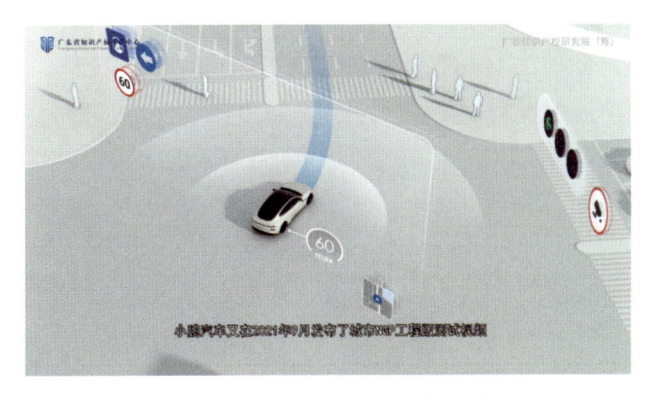

图 2-5　小鹏汽车 NGP 工程版测试

　　好的技术需要好的保护，尤其是在前沿的科技创新领域。自动驾驶技术近年来备受关注，各大车企纷纷投入其中。在科技研发群雄逐鹿的环境下，做好知识产权保护就显得尤为重要。小鹏汽车在 NGP 方面进行了大量的专利布局，共计数百件专利。仅仅是与 NGP 技术相关的多元传感器感知融合方面的专利申请就有 100 余件。同时，小鹏汽车也十分重视在海外的专利布局，NGP 相关技术申请海外专利超过 100 件。除专利外，小鹏汽车还针对其他知识产权类型进行了布局。针对NGP功能，小鹏汽车申请了著作权保护。例如支持高速NGP功能的xpilot软件以及支持全场景辅助驾驶功能的XNGP软件，小鹏汽车均向中国版权保护中心登记了软件著作权。

小鹏汽车在开拓国内市场的同时，也将目光投向了海外。2020年9月24日，100辆小鹏G3在广州新沙港集结，准备发往欧洲，这是小鹏汽车的第一批海外订单。市场未动，专利先行。随着海外市场的扩张，小鹏汽车的知识产权保护工作也在不断完善。图2-6数据显示[①]，截至2023年12月31日，小鹏汽车海外专利共444件，处于有效状态的专利共173件，PCT进入国家阶段的专利160件，占到了36.04%。

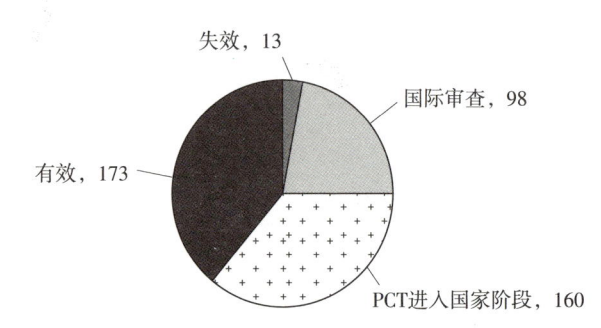

图2-6 小鹏汽车海外专利法律状态分布（单位：件）

图2-7数据显示，在国外专利申请的技术构成中，小鹏汽车以自动驾驶和智能网联的专利布局为主。在小鹏汽车的海外专利申请中，占比较大的IPC分类号为B60W和B62D。B60W指不同类型或不同功能的车辆子系统的联合控制；B62D指的

---

① 本章专利检索数据统计来源为智慧芽全球专利数据库，数据统计时间为2023年12月31日。

是机动车、挂车。从 IPC 分类号的概念以及分类号的具体专利可以看出，小鹏汽车在海外专利的技术布局主要集中于围绕智能汽车的感知、决策和执行层面。而图 2-8 数据显示，小鹏汽车从 2017 年开始申请 PCT 专利，其后每年小鹏汽车均申请了海外专利，2019 年海外专利的申请量最多，达到 216 件。另外，通过检索可知，小鹏汽车在美国、欧洲等国家/地区已有一批专利获得授权，尤其在欧洲多国广泛布局专利战略，这与小鹏汽车在 2022 年宣布进军瑞典、荷兰等国家的消息不谋而合，预示着小鹏汽车未来将更加积极地在全球范围内加强其知识产权布局与保护。

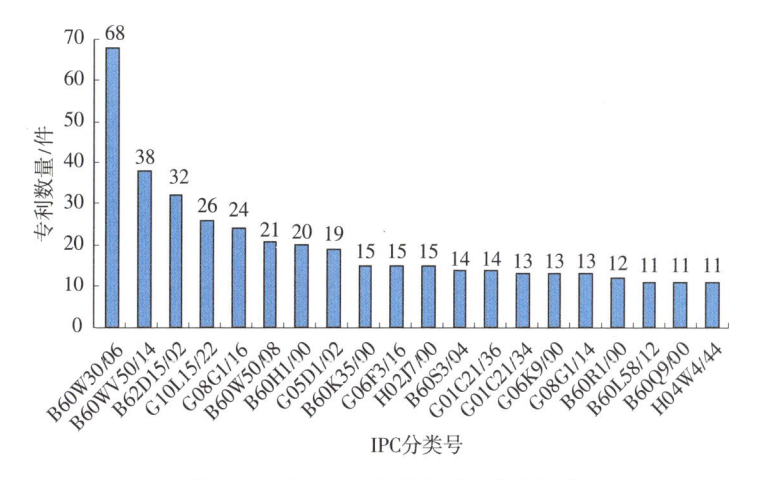

图 2-7 小鹏汽车海外专利的技术构成

图中数据：

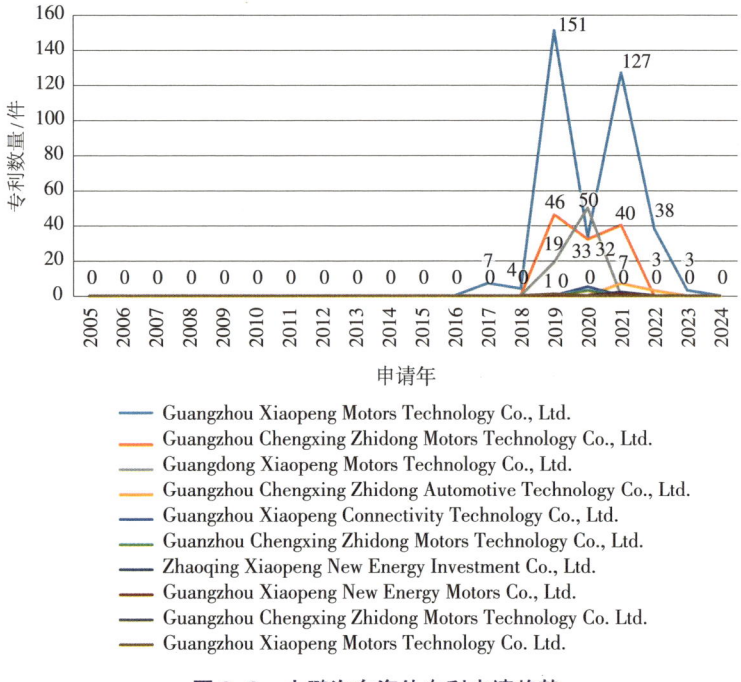

- 2005–2016: 全部为 0
- 2017: 7, 4
- 2018: 1, 0
- 2019: 151, 46, 19
- 2020: 50, 33, 32
- 2021: 127, 40, 7
- 2022: 38, 3
- 2023: 3
- 2024: 0

横轴：申请年
纵轴：专利数量/件

图例：
- Guangzhou Xiaopeng Motors Technology Co., Ltd.
- Guangzhou Chengxing Zhidong Motors Technology Co., Ltd.
- Guangdong Xiaopeng Motors Technology Co., Ltd.
- Guangzhou Chengxing Zhidong Automotive Technology Co., Ltd.
- Guangzhou Xiaopeng Connectivity Technology Co., Ltd.
- Guanzhou Chengxing Zhidong Motors Technology Co., Ltd.
- Zhaoqing Xiaopeng New Energy Investment Co., Ltd.
- Guangzhou Xiaopeng New Energy Motors Co., Ltd.
- Guangzhou Chengxing Zhidong Motors Technology Co. Ltd.
- Guangzhou Xiaopeng Motors Technology Co. Ltd.

图 2-8　小鹏汽车海外专利申请趋势

第四节　造车新势力专利大比拼

小鹏汽车以"黑科技"著名，其研发投入强度非常大。小鹏汽车董事长何小鹏明确将智能科技与自动驾驶列为企业的核心发展方向，小鹏汽车也是最早提出并实践全栈自研①的造车新

---

① 全栈自研指的是一个企业在产品研发过程中，从底层技术到上层应用，从硬件到软件，全部由企业内部研发团队独立完成，不依赖外部供应商或第三方技术解决方案。

势力车企。小鹏汽车目前有效专利数量为 3485 件，失效专利为 487 件。发明申请 2796 件，已授权 1187 件，实用新型专利 789 件，外观设计专利 426 件。从图 2-9 中可看出，小鹏汽车主要围绕人-车机交互界面、自动驾驶与电动化等方向全面发展。在小鹏汽车的国内专利申请中，占比最大的 IPC 分类号为 G10L，G10L 是指语音分析或合成；语音识别；音频分析或处理。

图 2-9　小鹏汽车国内专利的技术构成

伴随着人才的涌入与研发投入的增加，小鹏汽车专利申请量持续稳步攀升。表 2-1 数据显示，截至 2023 年 8 月，蔚来汽车专利申请量最大，多达 4935 件；小鹏和理想汽车专利申请量分别为 3980 件和 3708 件，处于第二阵营；零跑、合众新能源、华人运通、极氪、威马处于第三阵营，专利申请量分别为 1917 件、2413 件、1777 件、1418 件、1297 件；爱驰、天际汽车处于第四阵营，专利申请量分别为 930 件和 512 件。小鹏汽车在

"造车新势力"众多企业中,专利申请量呈现逐年上升的趋势,并在2022年达到顶峰,突破千件大关。由于发明专利自申请日起满18个月才进入发明公开阶段,故意味着小鹏汽车从2017年开始加大了技术研发的投入。

表2-1 "造车新势力"企业专利申请量①

(单位:件)

企业	年份				
	2019	2020	2021	2022	2023
小鹏	439	594	906	1446	595
蔚来	1313	537	863	1281	941
理想	396	328	506	1270	1208
零跑	247	322	350	517	481
爱驰	327	260	174	137	32
天际	82	290	113	26	1
威马	378	285	252	285	97
合众新能源	212	234	468	980	519
华人运通	119	234	399	571	454
极氪	9	70	88	949	302

而表2-2数据显示,在授权专利量方面,小鹏汽车的授权发明专利量在"造车新势力"企业中排名第一,达到1187件。蔚来汽车有1164件,极氪、零跑、理想和爱驰汽车处于第二阵营,授权专利量分别为616件、368件、326件和140件。而威

---

① 魏文,武子晔,唐柳杨. 造车新势力专利大比拼:"蔚小理"头部地位何以为继?[N]. 第一财经日报,2023-08-08(A10).

马、合众新能源和华人运通处于第三阵营，授权专利数量分别为 226 件、97 件和 208 件。小鹏汽车每年的发明专利授权数量稳步增长，小鹏汽车的专利不仅数量多，而且具有较强的实用性，许多发明创造都实现了汽车实用性功能的突破和优化。

表 2-2 "造车新势力"企业授权发明专利量

（单位：件）

企业	年份				
	2019	2020	2021	2022	2023
小鹏	17	129	263	370	408
蔚来	149	198	244	214	359
理想	24	50	76	111	65
零跑	68	80	100	75	45
爱驰	4	43	59	31	3
天际	3	2	20	18	1
威马	86	77	42	9	12
合众新能源	3	9	36	2	47
华人运通	2	28	40	79	59
极氪	9	63	57	405	82

小鹏汽车的知识产权意识是从何时开始觉醒的呢？知识产权意识的觉醒离不开团队的创新实力。2018 年，小鹏汽车迎来了一个重要人事变动。高通原自动驾驶负责人吴新宙加盟小鹏汽车并出任自动驾驶副总裁，接管小鹏汽车在美国与国内的自动驾驶团队。此后，随着原高通 CR&D 软件总监 Parixit Ahera、曾主导高通 ADAS 芯片设计方案的 Benny Katibia，原 Drive.ai 联合创始人王弢、LinkedIn 技术负责人林一树、百度 Apollo 成员李力耘、原宜

高美研发负责人高炳涛等顶级专家的加入，吴新宙团队研发方向发生重大调整，小鹏汽车的创新研发工作也开启了新纪元。吴新宙表示，5年前，他越过重洋来到小鹏，在一个对的时间来到了一个对的平台，加入了一个风起云涌、激动人心的赛道。小鹏汽车陆续推出了高速NGP、CNGP与XNGP辅助驾驶系统，开创了中国品牌落地高阶辅助驾驶的先例，打造了中国智能电动车智能化领先世界的辉煌。目前小鹏汽车拥有员工约13000人，按照2021年年初的统计数据，研发人员的比例占总员工数量的六成以上，因而小鹏汽车的研发投入迅速攀升。2021年，小鹏汽车研发投入增长至48.6亿元，2022年研发费用进一步提升至52.1亿元。截至2023年9月底，小鹏汽车历史累计研发投入超181亿元。

第五节　做"未来出行的探索者"

你可曾想过，有一天，能驾驶着汽车脱离公路的限制，在天空中自由飞翔？你可曾想过，有一天能骑着机器马信步游走于喧嚣的城市？这一切看似天方夜谭的故事，在科技的加持下却有可能变成现实，并一步一步地走进我们的生活。2022年4月，小鹏汽车生态企业——广东汇天航空航天科技有限公司（以下简称小鹏汇天），经过对智能电动载人飞行器长达8年的研究、4次技术迭代以及累计达15000余架次的试飞，携智能电动载人飞行器——旅航者X1亮相上海车展。在"1024小鹏汽车科

第二章
造车新势力小鹏汽车，以专利诠释创新基因

技日"① 上，小鹏汽车宣布旗下第六代飞行汽车有望于 2024 年实现量产。同时，小鹏汽车生态企业新成员——深圳鹏行智能研究有限公司，发布了内部代号为"小白龙"的首款智能机器马第三代原型机。无论是小鹏汇天对于低空出行方式的探索，还是智能机器马，小鹏汽车都已将探索领域拓展到了汽车之外更广阔的空间，形成覆盖"跑、飞、行"的更大范围的智能交通布局。2023 年 8 月，小鹏汇天公开多项飞行汽车专利，涉及整车、飞行动力系统、电机、剩余航时确定方法等，还包括了一项公告号为"CN116572681A"、名称为"飞行汽车"的外观设计专利（图 2-10、图 2-11）。

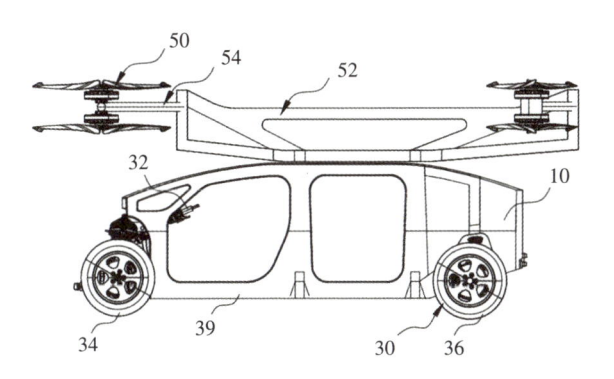

图 2-10　"飞行汽车"外观设计专利附图

---

① 1024 小鹏汽车科技日：在每年 10 月 24 日，小鹏汽车定期举办科技盛会，旨在展示其在智能驾驶、智能出行、飞行汽车等领域的最新研发成果和未来规划。

图 2-11 "飞行汽车"模拟示意图

第六节 探索的精神

科技创新离不开知识产权保护,而知识产权的成果亦伴随着科技创新的发展应运而生,为用户增添了乐趣,提高了体验感。小鹏汽车有哪些让人耳目一新的设计呢?

首先是"有趣的灯光秀"。小鹏 P7 的日间行车灯会伴随外放音乐进行律动表演。具体而言,小鹏汽车的车灯会随着音乐做出个性化展示,呈现出弹钢琴般的灯光效果,其颜色、位置以及频率均随着音乐的播放而不断变换。小鹏 P7 采用矩阵式 LED 灯,各灯均可独立控制,用户可以自定义汽车的灯语。对于主打科技感、智能化的车型 P7 来说,可编程的智能灯语不仅风格炫酷、提升车辆辨识度,更是展示小鹏汽车科技感、智能化水平的一大利器。该项技术源于公告号为"CN110027469A"、名称为"一种基于车载音乐的灯具控制方法及系统、车辆"的发明专利（图 2-12）。

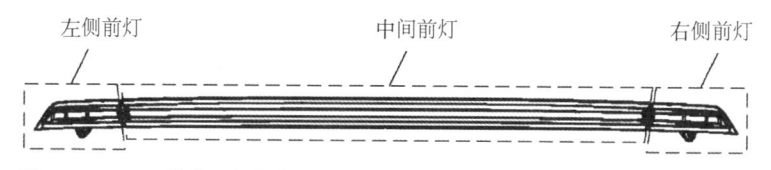

图 2-12 "一种基于车载音乐的灯具控制方法及系统、车辆"发明专利附图

其次是"会呼吸的车顶"。小鹏 P5 在车顶四周内嵌了光伏板，最大发电功率达到 60W，在停车状态下光伏板的电量可以为车内提供通风、换气、降温的效果。一方面，光伏充电技术能够降低能源消耗。通过太阳能的转化，为汽车提供充电支持，从而降低能源消耗。不仅减少了对传统能源的依赖，还可以降低使用成本，提高车辆的经济性和环保性。另一方面，光伏充电技术能够提高充电效率。在停车时自动吸收太阳能，无需外部充电设备，提高了充电的便捷性，缩短了充电时间。同时，该项技术已申请专利保护，公告号为"CN115742767A"，名称为"电动车辆及其光伏充电系统"的发明创造（图 2-13）目前处于实质审查状态。

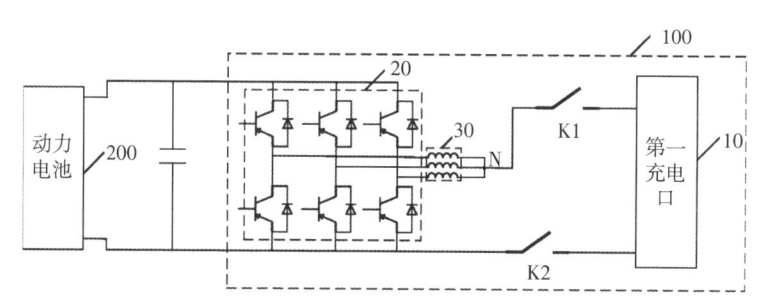

图 2-13 "电动车辆及其光伏充电系统"发明专利附图

最后是"防碰撞的鹏翼"。小鹏 P7 的外观类似跑车,采取的是剪刀门设计的鹏翼版车型,其车门可以斜着往上打开(图2-14)。小鹏汽车为车门申请了七件专利,包括结构、电控及避障方面,如表 2-3 所示。另外,鹏翼门的左右各搭载了 1 颗避障雷达,在开启过程中能够自动识别障碍物并控制车门的运动,防止车门与障碍物碰撞,而障碍物移除后车门还能够继续开启。一方面是实现了车门自身的防碰撞,另一方面保障了行人的安全。

图 2-14　小鹏 P7 鹏翼版车型

表 2-3　小鹏汽车鹏翼门的相关专利

序号	专利名称	公开(公告)号
1	剪刀门组件及车辆	CN217197720U
2	车辆及其控制方法与装置	CN110965893A
3	车门铰链和车辆	CN110965893A
4	用于车辆的铰链连接结构和车辆	CN217581735U
5	一种自动避让特种车辆的控制方法及车载系统	CN109552328A
6	一种车门铰链和车辆	CN111749566A
7	一种车辆控制的方法和装置	CN217581735U

第二章
造车新势力小鹏汽车，以专利诠释创新基因

创新源于生活，小鹏汽车的研发人员从生活中发掘需求，通过技术创新巧妙解决技术问题，并用专利将其创新成果保护起来。我们希望有专利保护的小鹏汽车可以跑得更稳、跑得更快。对于小鹏汽车而言，专利的意义是什么？小鹏汽车自动驾驶中心专利负责人樊锦标表示，一方面，小鹏汽车作为智能出行的探索者，创造出众多超前的创意与智能化的技术方案。申请专利主要的目的是保护创新，即创造过程中所产出的研发成果。通过专利保护建立小鹏汽车自主创新的护城河。另一方面，专利的保护工作对于小鹏汽车的一线设计、研发人员而言意义重大，这是对他们产出研发成果的一个肯定。将创新成果转变为专利技术，再把专利技术转化为实际的产品或服务，能够证明研发人员的技术方案具有一定的创新高度与价值，给予研发人员一定的成就感。小鹏汽车针对研发工作制定了一套激励制度——股权激励制度，实际上是企业与个人的双赢。

正像小鹏汽车的口号一样，"天生智能，探索不止"。小鹏汽车在科技创新的路上一直在前进，这也更加符合小鹏汽车对于智能汽车的思考和理解。小鹏汽车在打造自己梦想的智能汽车的同时，也在不断挖掘完善自身的知识产权建设，将其转化为科技创新成果的坚实堡垒。作为中国汽车产业的造车新势力，我们由衷希望小鹏汽车跑在粤港澳大湾区的创新路上，跑在改革开放的高速路上，跑在中国自主品牌迈向世界的奋进路上，为实现知识产权强国战略贡献自己的力量。

第七节　知识点总结

1. 为什么车企应当重视外观设计专利

随着我国汽车产业不断发展，汽车外形已逐渐成为除性能外影响消费者购买的决定性因素之一。相较于技术类的发明专利和实用新型专利，外观设计专利凭借其表现形式更为直观而越来越受到国内外汽车企业的重视。自 2021 年《专利法》第四次修正案施行后，外观设计专利从保护产品整体调整到保护局部，即旧法中明确排除在外的不能分割或者不能单独出售且不能单独使用的局部设计也可申请专利保护，如袜跟、帽檐、杯把等。需要注意的是，并非任何局部都可以申请外观设计专利，"不能在产品上形成相对独立的区域或者构成相对完整的设计单元的局部外观设计"则被明确划定为属于不授予外观设计专利权的情形。这给新能源汽车领域中的 GUI[①] 外观界面保护也带来重要影响，最早的 GUI 外观设计的保护限于对"带有 GUI 界面的产品"进行整体保护，须限定载体的保护范围，即以实体产品的形式提交外观设计图片或照片，但目前局部外观设计让"抛弃"GUI 载体成为可能，更注重保护界面内容的分布与排列成为未来的方向。

外观设计专利作为一项无形资产，能够为企业带来巨大的

---

① 图形用户界面（Graphical User Interface，GUI）又称图形用户接口，是指采用图形方式显示的计算机操作用户界面。

经济效益。汽车产品相关的外观设计专利已成为车企知识产权的核心竞争力之一，汽车因外观造型相似而引发的知识产权侵权纠纷亦频繁出现。以下是两则汽车领域典型案例分析。

（1）本田与双环案。本田 CR-V 是本田技研工业株式会社（以下简称本田株式会社）旗下的经典越野车型，于 2002 年在我国申请了外观设计专利。2003 年，我国石家庄双环汽车股份有限公司（以下简称双环公司）推出了来宝 S-RV 车型，与本田 CR-V 车型较为相似，且价格是本田的一半左右，上市后销售成绩斐然。2003 年，本田株式会社以双环公司生产、销售的"LAIBAOS-RV"汽车（以下简称涉案汽车）涉嫌侵犯其汽车外观设计专利权（以下简称涉案专利）为由，向双环公司及涉案汽车的经销商发送侵权警告函。双环公司因此提起确认不侵权之诉，请求确认涉案汽车外观设计未侵犯涉案专利权。其后，本田株式会社向北京市高级人民法院提起侵权之诉，称双环公司及其销售商侵犯涉案专利权，并在立案后再次向双环公司的多家经销商发出警告函。因双方对管辖权存在争议，最高人民法院指定北京市高级人民法院将受理的侵权之诉移送至石家庄市中级人民法院合并审理。同年，法院在审理专利侵权之诉及确认不侵权之诉期间，双环公司向原专利复审委员会（以下简称复审委）提起了针对涉案专利的无效申请。复审委经审查后作出宣告涉案专利无效的决定。本田株式会社对此不服，提起行政诉讼。北京市第一中级人民法院、北京市高级人民法院分别作出一审、二审判决，均判令维持复审委的无效决定。基于涉案专利权已被全部宣告无效，石家庄市中级人民法院作出了驳回侵权之诉诉讼请求的判决。本田株式会社对判决不服，向河北省高级人民法院提起上诉。在侵权之诉二审期间，本田株式会社就无效案件的行政判决向最高人民法院提起再审申请。经最高人民法院再审，判决撤销一审、二审行政判决及被诉无效决定，维持涉案专利权有效。河北省高级人民法院裁定撤销侵权之诉的一审判决，将该案发回石家庄市中级人民法院重审。重审期间，本田株式会社撤回了原侵权之诉，在增加赔偿数额后，再次向河北省高级人民法院提起侵权之诉。双环公司对此向河北省高级人民法院提出管辖权异议，经过一审、二审后由最高人民法院最终裁定侵权之诉、确认不侵权之诉由河北省高级人民法院合并审理。河北省高级人民法院分别就确认不侵权之诉、侵权之诉作出民事判决。双环公司、本田株式会社均不服该判决，并向最高人民法院提起上诉。[1] 最高人民法院终审判决双环公司不侵犯专利权，并由于本田株式会社对市场持续进行舆论干预，影响了双环公司的声誉及汽车销量，扰乱了汽车市场秩序，判决本田株式会社罚款1600万元。

在最高人民法院二审期间，最高人民法院认为，在以一般消费者的角度对两者进行比较后，判断确定的区别设计特征是否对整体视觉效果具有显著的影响时，产品使用时容易看到的部位的设计变化相对于不容易看到或者看不到的部位的设计变化，通常对整体视觉效果更具有显著影响。本案中，汽车的机舱、座舱以及货舱的布局，前、后保险杠以及汽车前脸、尾部和顶部均为容易被直接观察到的部位。对应涉案专利的相应部位，被诉侵权产品在机舱、座舱以及货舱的比例分配上存在区

---

[1] 王志超，张爻晟. 双环汽车与本田株式会社外观设计专利纠纷案浅析[J]. 知识产权，2017（9）：33-36.

别。被诉侵权产品的后车门向后轮一侧（含把手位置）的门线，在后轮胎前侧。涉案专利相应的位置，后车门向后轮一侧（含把手位置）的门线，接近后轮胎中间。该区别在视觉上造成涉案专利的座舱、货舱集合在后车轮上部，三舱重心向后；而被诉侵权产品的座舱、货舱以后车轮为界，三舱重心分散。

依据《最高人民法院关于审理侵犯专利权纠纷案件应用法律若干问题的解释》，认为授权外观设计区别于现有设计的设计特征相对于授权外观设计的其他设计特征，通常对外观设计的整体视觉效果更具有影响。因此，二审法院重点考量了涉案专利与对比设计存在显著差异的部位为：前大灯、雾灯、前后护板、后组合灯、车尾及其顶部、车顶轮廓、前格栅、机盖部位、发动机罩中央部位及倒车镜与前轮胎连线大约中间的部位。[1] 由此可见，车企在进行专利布局时，需要突出专利申请与现有设计的区别之处，并围绕该区别之处进行全面的外观设计专利布局，从而达到规避现有设计的目的。

（2）路虎与江铃案。路虎是英国捷豹路虎有限公司（以下简称路虎公司）旗下的豪华全地形SUV汽车品牌。2010年年底，路虎揽胜极光车型正式上市。"陆风"是我国江铃控股有限公司（以下简称江铃公司）旗下的知名汽车品牌，"陆风X"系列是该品牌的SUV系列车型。早在2014年，路虎公司发现江铃公司即将发售的陆风X7车型与揽胜极光车型极其相似，于是向江铃公司发送了律师函，但江铃公司并未理会，并照常于2015年8月正式上市陆风X7车型。2014年7月25日，路虎公司针

---

[1] 详见（2014）民三终字第7号民事判决书。

对江铃公司拥有的201330528226.5号外观设计专利提出无效宣告请求。而2015年2月16日，江铃公司针对路虎公司拥有的201130436459.3号外观设计专利提出无效宣告请求。最终，路虎公司与江铃公司的外观设计专利均被宣告无效。随后，路虎公司以著作权侵权与构成不正当竞争为由起诉江铃公司。2019年，北京朝阳法院一审判决江铃公司败诉，构成著作权侵权与不正当竞争。江铃公司提起上诉。2021年5月，历时七年的"路虎陆风"案尘埃落定，北京知识产权法院就"路虎陆风"著作权侵权纠纷与不正当竞争纠纷两案，分别作出终审判决，皆维持原判，即江铃公司构成著作权侵权与不正当竞争。[1] 在路虎专利的无效宣告程序中，路虎专利被宣告无效的主要原因在于路虎专利对应的"路虎揽胜Evoque"汽车在2010年12月21日至12月27日举办的广州国际车展上公开展览，而在中国申请专利的时间却是近一年后的2011年11月24日，已超过六个月的宽限期[2]，故路虎揽胜极光车型的外观设计属于现有设计。因此，车企应注意在举办国际展览会之前就应做好专利申请工作。

2. 贯标对企业知识产权管理有什么影响

知识产权贯标，即企业贯彻实施《企业知识产权管理规范》。2013年国家质监总局联合国家标准化管理委员会共同发布

---

[1] 详见（2019）京73民终2034号与（2019）京73民终2033号民事判决书。
[2] 《专利法》第24条规定："申请专利的发明创造在申请日以前六个月内，有下列情形之一的，不丧失新颖性：（一）在国家出现紧急状态或者非常情况时，为公共利益目的首次公开的；（二）在中国政府主办或者承认的国际展览会上首次展出的；（三）在规定的学术会议或者技术会议上首次发表的；（四）他人未经申请人同意而泄露其内容的。"

《企业知识产权管理规范》（GB/T 29490—2013），于 2013 年 3 月 1 日正式实施。《企业知识产权管理规范》的出台旨在指导企业建立科学、系统、规范的知识产权管理体系，帮助企业全面落实国家知识产权战略精神，积极应对当前全球知识产权竞争态势，有效提高知识产权对企业经营发展的贡献水平。实施知识产权贯标是提升企业经营管理水平的有效保障。《企业知识产权管理规范》是我国科技领域实现标准化管理的首个国家标准，是以 ISO9000 认证体系为基础，对企业知识产权管理体系建设的内容和管理进行规范，明确企业在产品开发、项目管理、材料采购、生产制造、市场销售全过程的知识产权管理规范要求，将企业经营生产活动中各环节的管理与知识产权管理融合，确保企业通过保护和运用知识产权规避经营风险。同时，实施知识产权贯标是企业获得政府资助及申报科技项目的重要条件。随着知识产权重要性的日益凸显，国家及各省市相继出台各类知识产权战略纲要，企业实施知识产权贯标，势必成为今后申报项目的一大优势。

企业贯标所需时间较长，一般情况下企业需要 6 个月的时间完成贯标辅导工作。随后即可申请贯标认证，认证时间则根据认证企业的安排而有所区别，从 2 个月到 6 个月不等，其基本流程为模拟认证、认证申请、通过认证。另外，企业贯标的基本流程可梳理为八大阶段：贯标启动、调查诊断、体系构建、手册编写、发文宣贯、实施运行、内部审核、管理评审。[①]

（1）贯标启动。成立企业贯标工作小组，由企业贯标工作

---

① 科创江北. 企业要申请知识产权贯标吗？有什么好处？[EB/OL].（2023-07-20）[2023-11-17]. https://mp.weixin.qq.com/s/jxN6RD8SO_WvyVG0oFEEnw.

小组确定企业贯标思路，制订企业贯标工作计划，明确贯标工作的具体要求及期限，召开企业贯标启动大会，任命企业知识产权管理代表或成立知识产权管理部门，针对主要参与部门、人员进行贯标相关培训。

（2）调查诊断。梳理企业基本信息、组织架构、相关制度，诊断企业知识产权管理现状。

（3）体系构建。制定企业知识产权方针、目标，策划企业知识产权职能架构，构建企业知识产权管理体系。

（4）手册编写。编写企业知识产权管理手册，编制企业知识产权管理制度、控制程序、记录表单。

（5）发文宣贯。颁布企业知识产权管理手册、制度、程序、表单，开展企业知识产权宣贯培训，指导各个部门、人员正确理解和执行。

（6）实施运行。运行企业知识产权管理体系，填写体系运行记录，定期进行体系运行监测。

（7）内部审核。企业对其自身的知识产权管理体系进行审核，并对审核中的不合格项采取纠正与改进措施。

（8）管理评审。企业最高管理者就企业知识产权管理体系的现状、适宜性、充分性和有效性以及方针和目标的贯彻落实情况进行评审。

3. 如何开展企业知识产权管理工作

企业内部 IPR[①] 的工作重点包括以下四大方面内容，即版

---

① 企业 IPR 是指企业知识产权顾问。

权、专利、商标以及技术秘密（图2-15）。首先是专利管理。专利是企业的核心竞争力，故专利工作无疑是企业知识产权的重中之重。专利工作的主要内容是根据公司研发的技术领域对研发成果合理安排专利数量、类型的布局。例如，小鹏汽车以智能科技与自动驾驶作为企业的技术研发方向，因此在专利布局方面围绕智能化开展。从小鹏汽车的国内外专利技术构成分析可以看出，小鹏汽车侧重在智能驾驶与智能网联进行布局。小鹏汽车新发布的鹏翼门，首先从专利名称上规避了剪刀门。在研发设计侧开门时，专门针对此类技术方案所涉及的专利进行了排查检索、分析，因而最终确定可规避现有专利的技术方案。

随着企业的壮大发展和研发成果的激增，专利管理也要考虑到关联公司的专利布局。在企业集团化发展的情况下，不应再将专利的申请人集中至某一个主体，否则其他关联公司的创新成果无法得以体现。随着广州橙行智动汽车科技有限公司、上海鹏行汽车销售服务有限公司与深圳鹏行智能有限公司等小鹏汽车关联企业的逐步成立，小鹏汽车开始以各关联公司的经营内容以及业务需求为依据，规划各类知识产权对应的申请主体，以确保各创新主体所能获得的政策红利。在专利转移转化方面，小鹏汽车开始做少量的许可和转让。目前，小鹏汽车许可专利共179件，大部分为普通许可方式。同时，小鹏汽车转让专利共288件。

作品、软件
新设计、核心标识、App认证、项目支持、开源软件

版权

专利

类型、数量
技术领域、重要程度、关联公司、海外分支、专利转让及许可

类别、应用
主品牌、核心标识、周边产品、服务、子品牌

商标

技术秘密

保密制度、等级
物理管控、电子管控、竞业限制、保密协议

图2-15　企业知识产权管理内容①

其次是商标管理。企业在经营过程中除了确定主品牌与核心标识，也要注重周边产品。随着主产品在市场上的销售，周边产品和服务的需求会逐渐增加。企业亦可根据品牌的长远发展规划，适当注册防御性商标或储备性商标。小鹏汽车的商标，最开始的设计是"X"的图标为尖角，"X"是小鹏的"小"字拼音首字母。由于尖角过于凌厉，因此调整为更温和的圆角设计，使用了自定义的字体。另外，市场上恶意商标抢注、"傍名牌"商标侵权行为时有发生，企业更应注重企业标识的保护工作。在小鹏汽车诉小彭新能源等侵犯商标权及不正当竞争的案件纠纷中，小鹏汽车主张小鹏汽车及其关联公司是国内知名的新势力电动汽车企业，目前已在第12类等多个产品类别上注册了"小鹏""X PENG"等文字商标、图形商标。而小彭新能源等未经许可，擅自使用与其商标相同或近似的标识，且使用的商品亦与案涉注册商标指定的商品相同或类似，侵犯了其注册商标专用权。小彭新能源在注册登记企业名称时

---

① 赵大武. 企业知识产权管理经验分享［EB/OL］.（2021-01-11）［2023-11-17］. https://mp.weixin.qq.com/s/PfxIVrhVLhHiMjOTahPUNw.

第二章
造车新势力小鹏汽车，以专利诠释创新基因

应尽合理避让义务，其明知"小鹏"企业字号，仍将"小彭"作为企业字号登记注册并使用，且明显是为了生产、销售侵权产品而成立，具有恶意。"小彭"与"小鹏"仅一字之差，读音完全相同，足以误导公众，小彭新能源等已构成不正当竞争行为。在小鹏汽车将小彭新能源诉至法院后，最终双方就停止侵权、赔礼道歉及赔偿事项达成调解协议，法院出具调解书予以确认。

再次是版权管理。版权登记包括作品登记与软件登记两部分。其中，作品著作权可以作为商标或外观设计的补充。在无法保证所设计的标识注册成功的情形下，可以以新图标或者图形设计同步申请作品著作权。即使商标申请最终在某些类别无法成功注册，还有作品著作权作为保底的知识产权保护途径。在软件著作权方面，小鹏汽车与智能终端密切关联，小鹏汽车现已有146项软件著作权。从研发角度而言，使用开源软件有利于提升效率与缩短研发周期。为规避使用开源软件带来的风险，小鹏汽车内部制定了合规的监管制度，让风险可控。

最后是技术秘密管理。以小鹏汽车为例，雇员在入职时不仅需要签订劳动合同，还要签订保密协议。该协议中还包括竞业禁止条款，如此一来，员工不仅不得泄露所入职公司的商业秘密，而且在离职后不得将原公司的商业秘密使用于第三方企业中。一方面保护了公司自己的商业秘密，另一方面也避免引发不必要的商业秘密纠纷。除了合同文本，还需要对商业秘密进行物理管控、电子管控。物理性措施即物理隔离，如建立重点保密区域，新车型的造型工作可限定在该封闭性区域内，只有相关工作人员才有权限进出。电子管控主要是通过技术手段加强对数字化资料传输、访问的限制,根据具体的需求采取对应的流程管控或线上留痕等措施①。

---

① 赵大武. 企业知识产权管理经验分享［EB/OL］.（2021-01-11）［2023-11-17］. https://mp.weixin.qq.com/s/PfxIVrhVLhHiMjOTahPUNw.

03 第三章
知识产权创佳绩，智能亿航促科技

2022年9月，由广州亿航智能技术有限公司（简称亿航智能）设计的发明专利"螺旋桨和机身"（专利号：ZL201610422759.8）（图3-1），以突出的技术创新性、高度的实用性以及显著的经济效益，荣获了第九届广东专利金奖。

亿航智能作为城市空中交通（UAM）领域的先驱企业，专注于为全球范围内的多个行业提供无人驾驶航空器系统及综合解决方案，业务广泛覆盖城市空中出行、智慧城市管理、空中媒体展示等多个前沿应用领域。2019年12月12日，亿航智能在美国纳斯达克上市，成为全球首家专注于城市空中交通领域的上市企业。然而，正当亿航智能在全球市场稳步拓展之际，深夜一通突如其来的电话将其卷入了一场复杂的跨国专利纠纷之中，"专利流氓"的来袭给亿航智能的海外业务带来了严峻挑战。亿航智能凭借深厚的知识产权积累和专业有效的应诉策略，成功捍卫了企业知识产权权益，成为中国企业海外维权的成功案例。

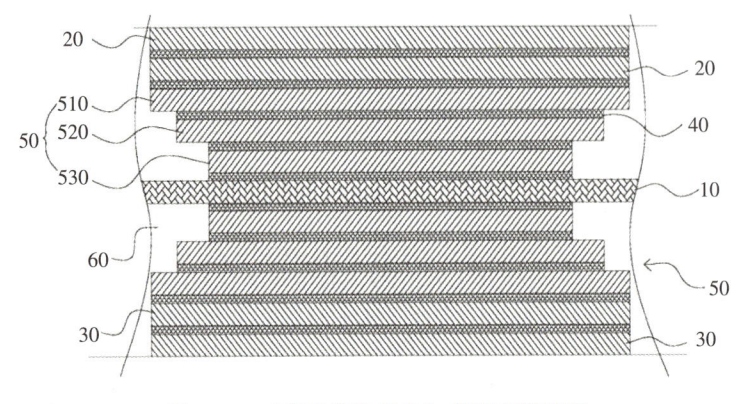

图 3-1 "螺旋桨和机身"发明专利附图

第一节 发展之路

从 2014 年至 2023 年，亿航智能在 10 年的时间里不断创造航空业界的里程碑，堪称传奇（表 3-1、图 3-2）。那么，亿航智能是如何一步一个脚印发展起来的呢？亿航智能的创始人、董事长兼首席执行官胡华智毕业于清华大学，2014 年正式在广州创立亿航智能。公司成立之初，定位于载人的无人驾驶航空器项目就已经开始立项研发，经历了种种的困难和考验。一开始，很多人都不相信亿航智能有能力制造出目标产品，有的人甚至认为董事长胡华智就是一个"疯子"，认为无人驾驶的载人航空器只能是"痴人说梦"。2016 年在美国拉斯维加斯举行的国际消费类电子产品展览会（CES）上，亿航智能发布自主研发的全球首款无人驾驶载人航空器，用实际行动让梦想成为现实，在航空领域实现了重要突破。

表 3-1　2014—2023 年亿航智能发展事件①

年份	事件
2014	8 月，亿航智能在中国广州成立 12 月，亿航智能获得由 GGV 纪源资本领投的 1000 万美元 A 轮融资
2015	8 月，获得由金浦投资领投，以及 GGV 纪源资本、真格基金、东方富海等多方投资机构的 4200 万美元 B 轮融资
2016	1 月，在美国 CES 发布全球首款无人驾驶载人航空器"EH184" 12 月，在广州建立全球首个无人驾驶航空器指挥调度中心，并投入运营
2017	8 月，获得 AS9100 国际航空航天质量管理体系认证
2018	2 月，全球首次公开发布无人驾驶航空器成功载人飞行 3 月，交付首架 EH216-S 无人驾驶载人航空器
2019	1 月，被选为中国首家载人无人机适航审定试点单位 12 月，在美国纳斯达克（NASDAQ）交易所挂牌上市，成为全球城市空中交通科技新行业第一股
2020	7 月，发布全球首个大载荷智能空中消防应急解决方案——应用于高层建筑消防灭火的 EH216-F（消防版）无人驾驶航空器 9 月，发布用于中短途空中物流的 EH216-L（物流版）大载荷无人驾驶航空器 12 月，向中国民航局正式递交 EH216-S 型号合格证（TC）申请
2021	5 月，发布复合翼电动垂直起降无人驾驶载人航空器 VT-30，用于城际间长航程空中交通 6 月，云浮生产基地投入运营

① 雨飞工作室. 6 年完成从成立到上市，亿航发展历程全回顾［EB/OL］. (2019-12-14) ［2023-11-17］. https://mp.weixin.qq.com/s/AYPJX4fo-6P3mKmt-kZwUw.

续表

年份	事件
2022	2月,中国民航局发布《亿航EH216-S型无人驾驶航空器系统专用条件》,是全球首个针对载人无人驾驶航空器系统的适航标准
2023	10月,EH216-S无人驾驶载人航空器系统获得中国民用航空局正式颁发的型号合格证

图 3-2 亿航智能产品展示厅

2023年10月,亿航智能EH216-S无人驾驶载人航空器系统成功取得中国民航局颁发的型号合格证(Type Certificate, TC),这也是世界首张无人驾驶电动垂直起降(eVTOL)航空器型号合格认证,为中国乃至全球创新型eVTOL的适航认证树立了重要标杆,起到领先示范作用,更是开启城市空中交通商业运营的划时代里程碑。

第三章
知识产权创佳绩，智能亿航促科技

第二节　知识产权经历

薛鹏既是亿航智能的知识产权负责人，也是亿航智能的副总裁。在本次跨国知识产权纠纷中，亿航智能化危为安就离不开薛鹏的努力。薛鹏的大学专业是有关材料成型的理工科，同时也有相关领域技术工作的经验。2015年，薛鹏无意中了解到知识产权行业，这个行业综合了专业技术与法律知识双重要求，他便转型做专利工程师，开启了自己知识产权的从业道路。从检索分析、手工绘制专利地图起，薛鹏用了近十年的时间，从工程师成长为经理。前十几年，作为专利工程师，薛鹏一人掌管几千件专利，每年专利的增量达200~300件，专利保有量为2000~3000件。薛鹏认为，专利的本职工作花费的时间只能占到自身工作时间的30%~50%，剩下的时间需要了解研发部门的工作内容。薛鹏日常利用4个小时完成本职工作，剩余的4个小时去财务部门、研发部门对接各项工作。专利工作最核心的部分就是专利信息收集、分析，但由于工作信息碎片化的特性，需要专利工程师思考如何将琐碎信息合并分析，从而推进企业知识产权工作。

薛鹏在自己35岁时选择了亿航智能作为自己知识产权职业道路的新起点。亿航智能作为无人驾驶航空器领域的新兴企业，随着企业的发展及业务范围的扩大，与市场各方面建立良好的沟通关系是薛鹏的工作任务之一。薛鹏花费大量时间走访市场，逐步了解市场上同类产品的发展情况、主要竞争对手的市场情况、行业领域的技术空白点及市场对产品技术方向的需求程度等。薛鹏表示，做企业 IP 一定要有代表作，只要在职业成长路径的某几个关键点上插好旗，基本上可以稳定下来。①

亿航智能成立以来，就十分重视知识产权，不仅制定了知识产权五年发展战略规划，而且加强了企业内部知识产权宣导，以及政策的贯彻、落实，加大了知识产权的奖励力度，如申请一件发明专利、外观设计专利等均有一些政策上的补贴与奖励。同时，亿航智能顺利通过了 GB/T 29490 企业知识产权合规管理体系认证，获得了知识产权管理体系认证证书。另外，亿航智能制订了知识产权人才培养计划，有利于在公司内部形成良好的知识产权和创新氛围。在薛鹏的带领下，亿航智能对于专利申请量的态度是理性而又克制的。在薛鹏看来，为了获得政府部门对于知识产权的补贴、奖励而去申请大量专利，对企业是弊大于利的。专利、商标申请费时费力，需要高质量的服务机构与专业人员，成本较高，对于企业而言，知识产权的数量不在多而在精。因扶持政策而申请的大量专利，虽然帮助亿航智能拿到 200 万元专利补贴，但对企业核心技术研发并没有起到实质性的作用。在专利申请的过程中，薛鹏有自己的一套独特的办法："孔乙己说茴香豆的茴字有 8 种写法，那么企业需要研究一个专利是否能够撰写出 8 个稿子。"围绕一件专利撰写 8 篇专利申请文件，仔细研究每一篇稿子的区别之处，可以将专利的质量反复打磨，把专利做得更好；同时也提高了团队的

---

① IPRdaily 中文网. 从企业 IPR 到企业 VP，跨越二十年的职场成长对话——求知创新　向阳而行［EB/OL］.（2023-04-03）［2023-11-17］. https://www.163.com/dy/article/I1DG7ET40511BK66.html.

第三章
知识产权创佳绩，智能亿航促科技

专业技能，能够深刻理解专利申请文件的质量差异。通过这种方式，薛鹏在进入亿航智能后带领知识产权团队不断进步，攻坚克难，取得了显著的成绩，为企业创新发展起到了重要支撑。

截至2023年12月底[①]，亿航智能[②]拥有国内专利706项，海外及PCT专利192项。其中，发明专利504项，实用新型专利202项，外观设计专利192项。亿航智能注册商标共计408个，商标申请量为562个。表3-2数据显示，亿航智能商标申请量在2015年达到顶峰，超过250件，说明亿航智能从成立之初便十分重视商标品牌战略，并随之开始商标布局。与此同时，自2018年起，亿航智能就航空器的操控系统、指挥调度系统、控制软件等分别进行了软件著作权登记。

表3-2 2014—2023年亿航智能的商标申请数量

（单位：件）

年份	2014	2015	2016	2017	2018	2019	2020	2021	2022	2023
数量	4	251	128	8	32	13	15	18	82	11

第三节 遭遇"专利突袭之战"

2022年3月15日深夜，亿航智能副总裁薛鹏接到有关部门

[①] 本章检索数据源为粤港澳知识产权大数据综合服务平台，数据统计时间为2023年12月31日。

[②] 统计口径包括广州亿航智能技术有限公司及其所关联公司。

的一个电话:"美国一家企业突然向亿航智能的美国子公司发起了专利侵权诉讼,对方要求三倍赔偿,目前已诉至得克萨斯州的法院。"这场"突袭"来得有点让人意外,这是美国知名NPE(Non-Practicing Entities,非生产专利实体)上市企业的子公司发起的一场来势汹汹的专利突袭之战。其目的很明确,通过专利诉讼向亿航智能施压,迫使亿航智能同意缴纳高昂的专利费用。薛鹏迅速响应,在企业知识产权部的工作群中发出"明早9点在会议室召开紧急会议"的通知。在会议上,副总裁薛鹏告知团队,对方认为亿航智能无人机搭载的数码遥控录像系统侵犯了其申请号为US107268××的美国发明专利,并提出高额索赔要求。实际上,副总裁薛鹏并不相信企业自主研发的专利产品竟然会侵权,但他十分清楚不应诉、缺席审判的后果。

亿航智能紧急研究应对策略,联合专业机构成立了"案件应急小组"(图3-3),并一一分配了任务,包括跟踪对方专利情况,分析中国企业应诉、结案情况,联系对方负责人与主审法官等。经过"案件应急小组"的分析,对方是故意挑起专利诉讼,以谋求高价的专利许可费。随后,专业机构根据亿航智能的需求及案件的详细信息为其调配最合适的专家队伍,提供最有效的指导。经过专家的侵权比对分析,认为亿航智能的产品并未侵害原告专利权,建议企业应积极应诉,维护自身权益。随后,亿航智能寻找擅长电子通信技术领域的美国律师,进一步确认涉案产品是否落入原告专利保护范围之内。但同时,另一现实的困难也摆在眼前,案件的应诉与处理均在美国,且案件的审理周期少则几个月、多则十几年,加之美国律师的收费高昂,被跨国官司拖垮的企业比比皆是。为捍卫企业的科技创新成果，维护企业在全球市场的发展战略，亿航智能最终选择应诉。亿航智能找到了陈培律师，陈培律师表示，"很多中国企业在面对这些情况时大多数都会选择沉默处理，但亿航智能的不同之处在于不会放任其他企业胡乱宰割。打得一拳开，免得百拳来，亿航智能很有勇气"。陈培律师立即着手收集证据材料。由于亿航智能一直注重于知识产权的保护，有关侵权纠纷案件的证据很快便收集齐全。接下来，便是亿航智能的"亮剑"时刻。

图 3-3 "案件应急小组"研讨案情

第四节　NPE 的类型

NPE 是非专利实施主体，不实施专利，而是通过专利运营活动获利的专利权人。因为 NPE 不制造、销售产品或提供相关服务，故其不具备侵犯他人专利权的风险，致使对方当事人无法在诉讼中提出反诉，或进行交叉许可。①"专利流氓"不等同于NPE，"专利流氓"属于NPE的类型之一，但除了"专利流氓"，还存在一些起着积极作用的NPE。根据NPE的性质可以将其分为四类，分别是科研型NPE、投机型NPE、防御型NPE与中介型NPE。②

第一，科研型NPE。科研型NPE指高校、科研机构等，仅对专利技术进行创新研究，研发后一般只对外进行许可，但并不参与经营活动，亦不对专利产品进行制造、销售、许诺销售等。科研型NPE专利技术的创造大多离不开国家、政府的支持。例如，美国联邦政府对教研机构进行投资，以合同委托的方式交由大学、科研机构等进行发明创造。科研型NPE主要是利用自身技术创造专利，运营的大都是其自主研发的专利，包括关键性以及基础性的专利，如纳米专利、生物技术专利等。美国《拜杜法案》规定由国家、政府投资的NPE所创造的科研成果的专利权归属该大学、科研机构，该法案扩大了专利权人与专利行权主体的范围，使得科研型NPE的专利运营活动越发积极。基于大学、科研机构的非经营属性，科研型NPE通常会将自行研究后原始取得的专利权对外许可，自己并不进行实体生产，因此科研型NPE所青睐的专利许可对象为头部的大型制造企业。因此，科研型NPE是强大的创新无生产活动实体。

第二，投机型NPE。投机型NPE被称为"专利流氓"，也即本文中的美国知名NPE上市企业。投机型NPE的商业模式是

---

① 易继明. NPE诉讼中的司法政策[J]. 知识产权，2023（4）：3-27.
② 罗澜. NPE专利运营的正当性及权利滥用的规制[D]. 广州：华南理工大学，2021.

通过价金购入的方式从原专利所有权人手中取得专利，再瞄准目标企业发动专利侵权诉讼，向其收取专利许可费。投机型NPE通常所拥有的专利并不具有较高的技术含量，主要是通过编造专利或者收购垃圾专利获利。投机型NPE的行为表面看起来合法，实则容易造成权利的滥用。投机型NPE拥有一群具有很强攻击性的专业专利律师团队。同时，投机型NPE还拥有较多隐匿身份、行为的壳公司。而在壳公司的保护下，投机型NPE的行为隐秘不易被跟踪。例如，利用壳公司和专业律师团队与目标企业协商谈判，以达到收取专利许可费用的目的。通过威胁目标企业支付许可费，否则向其提起专利侵权诉讼，索取大额赔偿费和律师费。这种投机行为也称为"专利套利"。投机型NPE利用专利权地域性的特点，全球巡回以搜罗在他国申请但未在美国申请的低廉专利，降低专利购入成本，扩充专利资源库，增加专利丛林密度，形成专利技术垄断局面，压制新兴中小企业的创新能力。投机型NPE通过索取专利许可费或者诉讼赔偿费来盈利，实际上获得更多的是专利许可费。由于专利许可费远远低于诉讼费，因此，目标企业大多数更愿意支付专利许可费，这导致了近些年出现投机型NPE大肆向中国企业发动专利侵权诉讼的局面。

第三，防御型NPE。面对投机型NPE的攻击，越来越多的企业开始组建反击联盟，于是防御型NPE应运而生。防御投机型NPE最好的方法就是不让风险专利流入"专利流氓"手中。防御型NPE通过抢先在"专利流氓"收购风险专利前便在市场上大量购买风险专利，将具有潜在风险的专利、专利组合收入自建专利信息数据库内，而后将部分专利授权给成员企业，或者出让给有需求的成员企业,让成员企业获得专利许可等。虽然防御型 NPE 的成立是被动的,但防御型 NPE 让更多专利信息管理企业进入了专利交易市场,将被攻击企业坚持防卫的理念转变为专利交易模式。防御型 NPE 不仅可以帮助成员企业抵御投机型 NPE 的攻击,使成员企业积极地进行专利维权,还可以帮助成员企业管理专利、购入专利,有利于减少一揽子交叉许可,加快专利授权进程,实现专利资产价值的最大化。

第四,中介型 NPE。中介型 NPE 是依靠卖专利产品盈利的运营资产者,从专利权人处获得专利后,通过专利购入、研发等方式整合专利,或是利用融资、联盟、许可等手段实现专利增值,最后将专利卖出赚取差额来获利,这是专利运营最直接的表现形式。中介型 NPE 的盈利离不开对专利资产的运营,一些"沉睡专利"如果被活跃的中介型 NPE 挖掘,达到消费者的要求时,会再次拥有专利市场。因此,中介型 NPE 主要是通过满足消费者的需求来收取服务费的。

第五节 漂亮的反击

根据亿航智能的情况,陈培律师及团队采用"专利无效+知识产权反垄断"的"组合拳"策略,意图给该 NPE 施加压力,提高自身谈判筹码。很快,双方律师在会议室会晤,陈培律师及团队向对方展示准备已久的证据材料,主要是专利不侵权抗辩的相关附件材料以及详细的特征对比与解释。另外,我方还掌握对方滥诉的相关证据,包括针对同一被告、在多个法院发起多件侵权诉讼，提供少量证据、伺机撤诉后再重新起诉等。陈培律师及团队不断指出对方律师准备的证据材料中的漏洞，即 US107268××号美国发明专利的稳定性较差。NPE 专利多选择以极低的价格从权利人手中获取，这些专利多为边缘化专利，对于新颖性、创造性和实用性的要求相对比较低。根据相关数据统计，在美国，NPE 专利以完整范围被认定有效的概率较小，仅为 31%。[1] 在充足的准备下，对方律师逐渐落入下风。陈培律师表示，对方显然没有预料到我方会如此大费周章地搜集证据，进行有力反击，因此一时间表现得措手不及。同时，在对峙的过程中，陈培律师表示，如果对方持续纠缠，亿航智能将会向该专利提出无效宣告请求并对其提出滥用权利反赔请求。对方虽然是 NPE 的上市公司，但其主要是通过收购廉价专利以威胁中小型企业，对方深知其专利的稳定性较差，且 NPE 的专利被无效的概率一般较大，对抗无效请求的能力较弱，无效成功就能起到釜底抽薪的作用。因此，面对陈培律师的应诉方案，对方无法招架，只能提出无条件撤诉。

案件到此总算告一段落。在本文的海外知识产权诉讼中，亿航智能面对外国 NPE 的施压据理力争，坚决维护自身海外合法权益，采取了合理的应对策略，在 6 个月内以原告无条件撤诉、"0 和解金"的结果取得纠纷的全面胜利，成为中国企业海外成功维权的典型案例。

---

[1] 科睿唯安. 非实施实体（NPE）在中国大陆的专利诉讼前景——亚太知识产权 2020 年度报告［EB/OL］.（2020-06-30）［2024-01-19］. https://mp.weixin.qq.com/s/Yy6HbzscpPFil6PjNwF-Sw.

第六节　知识点总结

1. NPE 的运营模式①

（1）高智模式。全球最大的 NPE 公司——美国高智公司（Intellectual Ventures），又被称为"发明风险投资公司"，成立于 2000 年，专利持有量位居全球第五，是最早将传统金融风险投资转化为发明风险投资模式的 NPE。高智公司的投资对象包括大学、研发机构、创新企业等。在美国，60% 的专利由发明人申请取得，40% 的专利由发明人在申请的同时或之后通过转让而由企业取得。由发明人申请取得的专利盈利却只占 10%，余下 90% 的营收份额由大公司收取，发明人往往缺乏一个专业的技术商业化的运营平台，从而导致专利搁置、无效。② 高智公司抓住上述问题，将公司的资金用于购买发明人的专利。由于发明人的专利难以获得大公司的青睐，因此，转让给高智公司更容易获得专利对价。高智公司不仅大量购买发明人一系列专利，也为大学、研发机构、创新企业及发明人提供专利申请费、专利答辩费、专利维持费等，助力上述主体节省专利成本。虽然高智公司的专利资源库中拥有大量基础性、实用性较强的专

---

① 金利娜. NPE 专利运营的正当性及其法律规制［D］. 南昌：江西财经大学，2023.
② 2011 年 9 月 16 日之前，美国实行"先发明制"，即专利申请须由发明人提出，发明人提出专利申请的同时或之后可以将专利申请权转让给企业。

利,但这些专利同样拥有较大的投资风险。一项基础专利运营成为成熟专利,需要巨大投入。为了降低单一专利带来的投资风险,高智公司以专利组合的形式分散投资风险,吸引更多外部投资者。高智公司不仅一部分募集基金来自机构投资者,收取的许可费用也大都来自这些机构投资者,如 Intel、诺基亚、索尼等。同时,高智公司也将利润分配给这些投资人。

(2) BTG 中介机构。英国技术集团(British Technology Group, BTG)是一个技术开发和转移的中介型 NPE。该组织由英国政府组建,主要是对公共研究成果进行管理并将其商品化。自英国《发明开发法》修改后,BTG 被英国政府转让给联合财团,BTG 转化为私有形式。BTG 除了为英国的发明人、大学、研究机构、企业等提供技术转移的中介服务,还在美国、日本、欧洲等地开设分支机构,其国际业务占据 BTG 机构总收入的 75% 以上。在全球从事技术转移的中介机构中,BTG 的规模是最大的,BTG 拥有上万项专利,国际知名度较高,所涵盖的领域为电子通信、医学、科学等。BTC 每年从发明人、大学、研究机构、企业中选出排名靠前的专利,筛选出市场价值较大的项目。被 BTG 认可的专利,BTG 会与发明人签订授权发明专利转让合同。BTG 取得专利权的同时,发明人会得到一笔可观的对价。之所以有很多发明人愿意将自己的发明转让给 BTG 公司,是因为英国的专利管理费用很高,即使没有发生专利侵权诉讼,一项专利从申请到失效也需要支付庞大的管理费用,大约 10 万英镑,专利在英国是一种"奢侈品"。BTG 将专利进行商业化开发后,随即联系有需求的客户,挑选最有可能将该专利技术商品化的企业,并将该专利技术许可授权给该企业实施专利。BTG 与买方签订转让合同后，并不意味着专利运营过程的结束，BTG 会持续跟踪专利的后续使用情况，并对专利进行保护。如果出现专利侵权情况，BTG 会派遣专利律师展开调查、参与诉讼。

（3）联合安全信托（Allied Security Trust，AST）。国家知识产权局网站翻译为"专利收购组织"，是一个成员制的专利持有公司，帮助保护成员应对非专利实施主体 NPE 的专利侵权诉讼。AST 模式是一种专利防御和风险管理模式。其主要作用在于应对投机型的 NPE，防止其利用专利诉讼漏洞提起侵权诉讼。这些成员单位之间可能从不往来，却共同投资成立实体，目的在于获取同一个领域的风险专利。这种风险专利容易导致企业出现侵权行为，从而陷入被诉侵权纠纷中，因此，AST 必须抢在 NPE 收购前取得专利权。当企业开始提起专利诉讼时，成员们可以拿出专利进行反诉。AST 是具备防卫性基金属性的代表，成员包括 Verizon 通讯、谷歌、思科、惠普等知名企业，成员入会的初衷一般都是避免陷入专利侵权纠纷，减少专利侵权诉讼防卫成本。为了加入 AST，每位成员需要缴纳 25 万美元入会费。缴纳入会费后，由 AST 向会员提供风险专利信息，会员决定购买专利后由 AST 信托收购风险专利并将该专利非独占许可给会员。专利诉讼风险解除后，AST 再向外部企业卖出。这体现了"抓住放开原则"（Catch and Release）。①

AST 的核心业务是为会员企业收购专利，其具体运作流程如下：AST 收集市场上待售专利的信息，如专利号、侵权比对表、预期价格和出价截止日期等；由 AST 进行审核，确认待售

---

① 刘海波，吕旭宁，张亚峰. 专利运营论［M］. 北京：知识产权出版社，2017：219-221.

专利是否属于会员关注的技术领域。若属于会员关注的技术领域，AST 则开展专利价值分析，通过一套自行开发的数据库"Fast IP"推送上述信息给会员；会员将有 30~60 日的时间进行评估。若会员有意购买，可直接在"Fast IP"上出价；AST 将汇集该资金，与待售专利的专利权人进行协商洽谈。如可达成交易，AST 在专利尽职调查后将专利转让至会员名下、永久许可给出价的会员。通常在专利被收购后的一年内，AST 会将专利出售的收益分配给当初出价收购的会员。AST 购买专利的核心目的在于让会员取得许可。一旦许可协议签署完毕，专利便可出售，无论将来专利如何转手，由于出价会员已取得永久许可，故该专利已无法对出价会员产生任何影响。

（4）专利联盟与专利池。专利联盟、专利池与专利许可、专利标准化、专利融资等均为 NPE 专利技术运营的不同方式。专利联盟通常由拥有各自专利的组织组成，这些专利之间一般具有关联性，这可能与现代技术分工越来越细化有关。专利联盟可以由创新企业、科研机构、大学等组织组成，但通常是企业间的联合，为了共同利益，企业将各自的专利放入专利组合形成的专利池中，专利池即拥有这些专利并将这些专利组合起来的专利集合体。签订协议后的池内成员不仅能通过交叉许可对专利池中的专利共享，还可以将池中的专利许可给池外的企业。专利池的运作模式类似于防御型 NPE，会参考 AST 模式，由 NPE 事先向成员收取一定费用，作为应对将来可能出现专利侵权诉讼的防御资金。专利池可以推进创新企业、科研机构、大学等组织共同完成一些关键性的专利，在这些组织参与研发后，池内成员会对专利技术进行共享，利用专利池中的交叉许可机制让池内成员免费又便捷地使用池内全部专利。同时,池外企业在支付专利许可费后也可以直接使用池内全部专利,而不是单独寻求授权许可。专利池将专利集中管理,降低了被许可人的专利授权许可费用,并遵循内部交叉授权许可不收费的原则。这种方式直接压缩了专利交易成本,其纠纷协商机制也为池内成员提供了风险规避的策略,破除了要推出一项新专利技术时需要向"专利丛林"般大量的专利权人获取专利许可的乱象,因此,专利池是池内企业进入更大市场的强大后盾。专利联盟与专利池利用专利组合提高了专利产品市场准入门槛,使联盟成员与专利池内成员优先占据专利并扩大了专利市场。专利联盟与专利池不仅是企业、组织间实现技术共享的重要方式,也是 NPE 专利运营的手段和产物。专利价值的体现离不开专利技术水平的提高,专利联盟与专利池对实现高水平的专利技术起到了关键性的作用,高水平专利为 NPE 专利运营活动带来了强大的竞争优势。

(5)专利证券化。专利证券化是以预期专利资产收入为担保,将专利资产出售给特定机构 SPV[①],由其对该专利资产中的风险与收益要素进行整合与分离后,发行证券进行融资的行为。专利证券化是 NPE 运营专利的融资手段,专利证券化有利于短时间内解决企业资金短缺、融资难的问题,为企业创造多方面的现金流。NPE 专利证券化起源于美国,美国 Royalty Pharma 公司通过特殊的机构 BioPharma Royalty 信托其专利许可费收益权,

---

① 特殊目的机构(Special Purpose Vehicles,SPV)是知识产权证券化的核心机制,作为基础资产原始权益人与投资者之间的中介,其职能是在离岸资产证券化过程中,购买、包装证券化资产和以此为基础发行资产化证券,向国外投资者融资。

由该信托机构对专利应收许可费进行证券化。基于 MBIA 保险公司提供的担保，BioPharma Royalty 金融信托发行 2.25 亿美元的金融债券，于是新品种药品快速上市，Royalty Pharma 公司以此拥有了稳定的现金流。我国武汉国有资本投资运营集团有限公司（以下简称武汉国投）运作的第一个专利信托产品聚焦于"无逆变器不间断电源"专利技术，武汉国投与专利权人签订了为期两年的信托合同，专利权人将其专利信托给武汉国投进行管理，武汉国投发行了风险收益权证以吸引投资，并将专利许可或转让给投资人，武汉国投会将专利许可、专利转让的收益合理分配给专利权人。市场上越来越多的 NPE 中介服务机构提供专利证券化服务，NPE 专利信托证券化在市场的运用也越来越完善，发挥了 NPE 在知识产权运营中的正面作用。

（6）专利保险。专利保险是投保人在保险期间以专利权投保，保险公司为其承担专利诉讼中维权费用的专利运营方式。专利保险围绕专利侵权风险而设计，对解决专利权纠纷具有重要作用，尤其在专利纠纷责任赔偿方面表现突出。专利保险的运作模式与民事保险近似，但特别之处在于其以无形资产（专利权）作为保险标的，有效缓解专利权人在面临高额侵权赔偿费用时的资金压力。专利保险的运作一般与专利诉讼紧密相连，由法律判定侵权行为的性质与赔偿结果。特别是在应对 NPE 频繁采用的专利诉讼策略时，专利保险的推出为专利权人提供了重要的风险缓冲，以补偿的方式保障了专利权人的权益。值得一提的是，专利侵权诉讼纠纷的认定与取证过程复杂，且律师费用高昂，而专利保险的出现，有效降低了专利诉讼的成本，有利于企业分散败诉风险，为企业的创新和发展提供了坚实的法律保障。

（7）专利质押。专利质押已成为现代经济社会 NPE 专利运营普遍的专利融资方式之一。专利质押与民法中有形资产的质押概念类似，但专利质押是债务人以其专利财产为质押标的，在债务人不履行债务时，债权人有权依法就该出质专利权中财产权的变价款优先受偿的担保方式。专利质押旨在促进专利交易市场的流动，有利于市场资金的流通。我国政府积极推进专利质押这种运营模式，并出台了大量政策予以支持，中小企业也可以积极尝试专利质押这种融资方式。与专利证券化相同，专利质押也是 NPE 专利运营的融资方式之一。专利质押需要 NPE 专利运营机构根据市场需求对专利进行价值评估，实现专利的经济价值。例如，山东泉林纸业有限责任公司以 110 件专利、34 件注册商标等知识产权进行质押，通过 NPE 专利运营机构的价值评估，获得了国家开发银行的 79 亿元贷款，这是迄今国内融资金额最大的一笔知识产权质押贷款。

（8）专利拍卖。专利拍卖是专利转让的一种实施手段，通过市场竞价交易的方式来实现专利权的转移，专利拍卖有价格发现的功能[1]，有利于发现专利的潜在价值，促进专利交易实践活动的进行。最早的专利拍卖活动出现在美国 Ocean Tomo 公司处理破产企业的专利资产时，专利拍卖大部分采取的是公开竞拍方式，交易过程的透明化可以最大限度地实现拍卖专利的价值，且专利拍卖低廉的交易成本也同样驱动着专利市场交易活动。在我国，专利拍卖通常发生在技术交易所，2010 年，中国

---

[1] 价格发现功能是指期货市场通过公开、公正、高效、竞争的期货交易运行机制形成具有真实性、预期性、连续性和权威性价格的过程。

科学院计算技术研究所利用研发的一批专利在中国技术交易所举行了我国境内规模最大的一次专利拍卖交易活动。

（9）专利中介服务机构。专利中介服务机构是致力于实现专利市场价值的专业化平台，它们通过深度整合与增值服务，助力企业优化专利布局并提供全面的咨询策略。这些机构不仅精通于分析专利市场的最新趋势与需求，以指导企业的研发方向，有效规避低效投入，从而节省研发成本，还促进了高质量专利产品的诞生与市场推广。此外，专利中介服务机构在专利交易领域发挥着重要作用，即通过精准把握专利产品与市场需求之间的契合点，为买卖双方搭建了高效的合作桥梁，加速专利交易流程，激发市场活力。对中介服务机构来说，专利运营的成功，离不开专业团队的技术支撑与管理智慧。在当今社会，专利中介服务机构已日益成为 NPE 专利运营的重要方式之一，他们为企业量身打造专利战略，以实现专利价值的最大化，对推动整个专利市场的繁荣与进步具有重要意义。

（10）"专利流氓"。"专利流氓"最初作为 NPE 的一种贬义称呼出现，特指那些以专利许可费和诉讼赔偿费为主要收入来源的实体。"专利流氓"的运营模式主要依赖于频繁地提起专利侵权诉讼，利用专利制度的复杂性和诉讼成本的高昂，对创新型企业构成威胁，以达到迫使对方支付高额许可费或和解费用的目的。"专利流氓"现象最初在美国显现，并迅速在该国蔓延，使其成为拥有此类实体最多的国家。"专利流氓"的兴起，很大程度上反映了专利权滥用的问题。它们通过购买或囤积大量专利，尤其是那些边界模糊、覆盖范围广泛的专利，来构建所谓的"专利丛林"，以此作为谈判或诉讼的筹码。这种行为不仅增加了企业的运营成本,还可能阻碍技术创新和市场竞争的健康发展。因此,如何有效规制"专利流氓"行为,保护创新者的合法权益,成为当前专利制度面临的重要挑战。

2. 商标对于企业的意义与价值

(1)商标是企业纠纷中的盾牌。美国苹果公司曾在商标上栽过跟头。2000—2001年,唯冠国际控股有限公司旗下子公司台湾唯冠在欧洲、韩国、墨西哥、新加坡等国家和地区共获得8个"iPad"相关注册商标专用权,深圳唯冠获得了中国大陆"iPad"文字商标与文字图形结合商标的2个商标专用权。苹果公司在发售"iPad"前,就已知晓该商标被抢注的事实。因此,苹果公司通过英国的子公司向台湾唯冠购买了10个"iPad"商标权。但苹果公司并没有审查该商标的持有情况,疏忽了中国大陆市场的"iPad"商标并非握在台湾唯冠手中,而是属于深圳唯冠。台湾唯冠与深圳唯冠同属唯冠国际控股集团,但两家子公司分别独立运营。因此,台湾唯冠无权转让中国大陆"iPad"的商标权。同时,根据我国《商标法》,商标的转让需要经国家工商主管部门的登记。这意味着中国大陆"iPad"的商标权并未转让至苹果公司。

2010年4月,深圳唯冠针对苹果公司提起了商标诉讼。2012年2月,深圳唯冠向法院提出禁售苹果"iPad"的申请。最终,苹果公司向深圳唯冠支付了6000万美元(约3.8亿元)以达成和解。苹果公司花费近1亿美元才获得"iPad"商标。从上述案例中可以看出,商标相当于战争中的盾牌,谁拥有商标权谁就是"盾牌"的主人。企业注册商标从而享有专用权,不仅可以保护企业的商标权益不受侵害，在必要时甚至可以反击"敌军"。

（2）商标能为企业带来巨大的财富。商标作为一种无形资产，可以质押、转让、出资等。消费者对该商标、使用该商标的商品以及商标使用者的良好评价便形成了企业的信誉。[①] 据英国 Brand Finance 发布的"2022 年全球品牌价值 500 强榜单（Global 500 2022）"，可口可乐的品牌价值为 353.79 亿美元，位列第 44 名。2022 年 6 月，乐视网持有的 1354 项商标在司法程序中进行了公开拍卖，其中包括"LE""LEMI""LETV""LE 乐视网""乐视"等注册商标。京东司法拍卖平台信息显示，拍卖商标评估价为 19.49 万元，以 13.64 万元起拍，经过 1376 次出价，竞买人天津嘉睿汇鑫企业管理有限公司最终以 1.31 亿元的价格竞得。

（3）商标是企业商品或服务的识别码。商标能够帮助消费者识别商品或服务的来源。当消费者看到某一标识时，可以根据标识判断出提供对应商品或服务的主体。商标的使用可以区别不同商品或服务最重要、最本质的功能与来源，引导消费者认牌购物或消费。同时，商标也是企业声誉和竞争力的标志，商标是商品或服务的"脸"，代表着生产者或经营者的信誉，因此，商标能起到引导消费者获得满意商品或服务的作用。商标浓缩了企业商品与服务长期的声誉与形象，以及商品的经营者与服务提供者的声誉与形象。

（4）商标是企业形象、文化的载体。商标是企业品牌建设中不可或缺的一部分。优秀的商标设计能够让消费者对企业的产品

[①] 墨杰斯，等. 新技术时代的知识产权法 [M]. 齐筠，等译. 北京：中国政法大学出版社，2003：443.

或服务产生认同感,并在市场中树立企业的形象和价值观。一个成功的商标可以提高品牌的知名度、可信度,助推企业的发展。

3. 企业该如何应对商标抢注现象

恶意抢注行为指的是以获利等为目的、用不正当手段抢先注册他人在该领域或相关领域中已经使用并有一定影响的商标、域名或商号等权利的行为。常见的商标恶意注册行为大致分为两类:一是商标恶意抢注行为,即"傍名牌""搭便车"及抢注公众人物姓名等以损害或者攀附他人商誉、民事权利与合法权益为核心特征的商标注册申请行为;二是"不以使用为目的的恶意商标注册申请"行为,即批量申请、圈占资源等以扰乱或冲击商标注册与管理秩序为核心特征的商标注册申请行为。企业作为在先权利人面临两大主要维权困境:一是企业对于恶意抢注商标行为的维权时间成本偏高;二是企业举证困难,法律对于恶意抢注中的"恶意"证明具有较高的要求。[1] 在现有的法律体系中,如果商标遭遇抢注,企业的维权路径主要有以下几种:

(1)如果被抢注的商标尚在申请注册期内,可提出异议,通过行政程序申请撤销该商标。如果商标处于初审公告期,则可以启动商标异议程序。若企业监控发现他人抢注的商标已通过形式审查进入初审公告阶段的,企业可以依据《商标法》第33条规定,以他人用不正当手段抢注已经使用并具有一定影响的商标为由向国家知识产权局提出异议。异议期为3个月,自

---

[1] 孙那,鲍一鸣. 恶意抢注商标与在先权利冲突的司法解决路径研究[J]. 电子知识产权,2023(7):4-14.

初审公告之日起算。

（2）如果商标已被抢注成功，被抢注人可通过行政程序申请该商标无效或撤销。若企业已错过 3 个月异议期，抢注人的商标已经获准注册，企业还可申请宣告该商标无效。申请无效的理由为他人用不正当手段抢注企业自身已经具有一定影响的商标，申请的时间为自系争商标注册之日起 5 年内。另外，根据《商标法》第 49 条的规定，若商标连续 3 年不使用，任何人都可以申请撤销该商标。因此，若被抢注的商标注册期满 3 年而从未使用，还可以提起撤销程序。需要说明的是，无论提起商标无效程序还是商标撤销程序，企业都应当密切关注该商标的注册状态，并在程序结束后采取必要的措施（如重新申请、加强监测等），以防止抢注人利用无效或撤销的结果再次注册相同或相似的商标。

（3）如果商标被抢注，企业可以尝试购买商标。抢注者在抢注成功后往往急于牟利，此时企业可以试探联系抢注者购买该商标。购买时需注意商标核定使用的小类，如果核准使用的小类与该企业所经营的商品或服务类别不同，则购买的意义不大。

（4）如果商标被抢注，可通过提起民事诉讼要求抢注者停止侵权。当商标抢注行为严重损害市场秩序、挤压商标资源时，企业可对抢注者提起商标侵权诉讼。随着我国司法实践对商标抢注行为的打击力度越来越大，企业如果面临商标被抢注的情况，可以试图起诉抢注者，请求人民法院判令抢注者停止继续抢注商标，并要求赔偿经济损失等。另外，在依据《商标法》寻求行政途径救济时，还可依据《反不正当竞争法》《著作权法》等法律寻求其他救济途径。

4. 如何建立企业自己的专利版图

企业专利布局规划的实体性关键点主要体现在三个方面：规划角度、基本要素与组合模式。①

第一，规划角度。专利布局规划应从多角度，包括企业自身产品和技术、业内前瞻性技术、竞争对手制衡等方向进行专利布局。从企业自身产品和技术出发，分析企业的产品与技术，明确企业的技术重点、技术空白点与风险防范点。基于此进行的专利布局需具全面性与关键性：全面性确保技术挖掘没有遗漏，实现对自身产品和技术布局的全覆盖；关键性则依据产品涉及技术点的重要层级，精准遴选出需要重点布局的技术点。从行业发展的前瞻性而言，企业进行专利布局规划应考虑到提前布局、持续布局与产品化布局。企业应根据对专利信息和非专利信息的深度分析，把握行业技术发展的趋势，紧密跟随自身的研发进程，在技术方案设想阶段提前进行专利布局，在技术方案逐渐成型的过程中完善并加强专利布局，并在技术方案成型后进行产品化专利布局。从对竞争对手的制衡而言，企业在进行专利布局规划时应首先对竞争对手进行专利分析，研究企业自身相对于竞争对手的优势技术、劣势技术与共同空白技术，以确定企业可能要重点聚焦突破的技术，并围绕该技术进行重点布局。此外，在专利布局时，企业应精心策划，通过设立专利壁垒来规避与竞争对手的直接技术冲突，并有效限制其

---

① 贾旭. 企业做好专利布局规划有哪些实体性要求？[EB/OL]. (2022-12-07) [2023-11-17]. https://mp.weixin.qq.com/s/fht_jzyBrOyMJ0OgF4dYgg.

在相关领域的发展。

第二，布局的基本要素。专利布局规划的基本要素包括专利布局的时间、专利的地域布局及专利布局的方式。专利布局的时间规划主要考虑两方面因素。一是技术研发与专利布局时间上的关联性。企业在进行专利布局时，较早的优先权日与产品的研发或上市等时间上的合理安排，能够对竞争对手产生一定的阻碍。同时，避免产品已上市却仍未进行专利保护的尴尬处境。二是专利组合中各个专利在时间上的关联性，主要体现在核心专利与关联专利之间在时间上的合理安排，能够有效地延长企业核心技术的"实际保护期限"。专利的地域布局主要体现在对目标市场地域的选择，地域的选择主要考虑以下因素：企业整体市场品牌战略、竞争对手所在的地域、竞争对手的市场区域、产品的目标发展区域及其他国家或地区的知识产权保护环境。由于各国的专利制度有所区别，故企业的专利布局方式也需要灵活改变。例如，美国等国家没有实用新型专利的类型，因此，在不同国家布局专利时需要考虑可保护主题的不同类型。

第三，专利组合模式是专利布局规划的重要内容，专利组合模式包括纵向布局和横向布局。纵向布局包括产业链的延伸、技术领域的延伸等；而横向布局包括技术本身的延伸（技术向产品、工艺、应用、材料、设备的延伸）。具体而言，专利布局主要有以下几种专利组合模式：①基础+改进方案，解决一个技术问题的纵深方向的技术方案；②并列或替换方案，解决一个技术问题的所有技术方案；③多技术点或多技术角度保护式，从不同角度来布局技术方案；④上下游延伸式，针对技术方案延伸到材料、产品、专用设备等的布局;⑤基础+应用领域拓展,考虑到对技术方案的应用领域而进行的布局。

5. 台企、代工厂与技术创新型企业的知识产权工作重点有何差异

亿航智能的副总裁薛鹏自入行以来,先后在台企、代工厂与技术创新企业从事知识产权管理工作,不同企业的知识产权工作差异明显。

首先是台企。台企更关注知识产权风险管控,专利工程师的工作重心是确保企业不要产生侵权的行为。如果遇到避不开的专利,只要企业有订单,台企倾向于花钱购买专利。

其次是代工厂。例如,生产咖啡机、水壶、面包机等产品的西式家电代工厂,代工厂最开始会到展会上锁定产品进行模仿,之后也会主动申请专利保护。如今,代工厂也逐渐开始重视对自身产品的知识产权建设,也会积极进行知识产权维权。另外,为了更好地寻求与品牌方合作,代工厂除了做好产品,也要做好知识产权。品牌方在前期会进行产品筛选,确认合作后,品牌方将负责包销,而代工厂负责产品生产。代工厂的知识产权岗位,通常需要为客户提供大量证据材料,包括展示知识产权检索、分析的过程,以增强说服力。客户可能会拿出专利调查表以提出相关的问题,包括代工厂是否进行专利检索、代工厂是否申请专利、代工厂在何地申请的专利等。

最后是技术型初创企业。"市场未动,专利先行"。专利是保护企业技术创新的核心利器,当企业走向市场时,专利、商标等即是"盾牌",企业必须先进行知识产权布局,才能在市场

竞争中占据优势。例如，在创业初期，亿航智能顺应技术发展方向，正确合理地开展知识产权布局，为企业不断创新发展打下良好的基础。但绝大部分初创企业的知识产权工作难以快速正规化，可能会出现市场先行，而专利、商标等知识产权还未申请的现象，这为企业后续发展壮大带来很大隐患。因此，对于技术型初创企业来说，技术既是自身的核心竞争力，也可能是产业发展路上的拦路虎。因此，技术型初创企业的首要工作便是快速实施积极有效的知识产权策略。

总而言之，不同的企业，知识产权工作的方向和重心是不同的。在企业不同的发展阶段，知识产权工作的重心亦不相同。台企注重风险管控；代工厂注重合规以促进与品牌方合作；初创企业则重在稳扎稳打，积累无形资产和竞争实力。

04
第四章
五年长跑诉讼，艾比森打破"337调查"魔咒

本章故事的主角——深圳市艾比森光电股份有限公司①（以下简称艾比森）是LED显示屏行业的龙头企业，其深耕于广告显示、舞台显示、商业显示、数据可视化显示、会议显示等多个领域，产品远销美洲、欧洲、澳洲、亚洲、非洲等140个国家和地区。艾比森良好的市场反馈不仅吸引了更多客户的青睐，也引起了竞争对手——美国某某技术有限公司的密切关注。美国某某技术有限公司是美国本土的LED显示企业，因产品技术更新慢而面临市场份额日渐衰减。面对日趋激烈的竞争环境，该公司在2018年针对包括艾比森在内的中国11家LED显示企业申请发起"337调查"，一场历时五年的"长跑官司"就此拉开了序幕。面对这一挑战，艾比森积极联合其他中国LED显示企业共同应诉，这场旷日持久的官司最终以艾比森的胜利而圆满落幕，不仅捍卫了企

---

① 艾比森集团（股票代码：300389）始创于2001年，是全球领先的至真LED显示应用与服务提供商，产品远销美洲、欧洲、澳洲、亚洲、非洲等140多个国家和地区，显示屏产品出口额连续12年稳居行业第一。

第四章
五年长跑诉讼，艾比森打破"337调查"魔咒

业的合法权益，也为中国企业在国际市场上树立了积极应诉、勇于维权的良好形象。(图 4-1)。

图 4-1　艾比森胜诉美国某某技术有限公司

第一节　什么是"337调查"

根据美国《1930 年关税法》第 337 节的规定，美国国际贸易委员会（International Trade Commission，ITC）可以对进口贸易中的不公平行为发起调查并采取制裁措施，此类调查一般称为"337 调查"。美国针对进口产品侵犯美国知识产权的行为频繁向我国发起"337 调查"，属于美国所谓的"长臂管辖"。在实践中，这些被指控的不公平行为可能涉及专利权、商标权、版权、集成电路布图设计、商业外观等知识产权。此外，还可能涉及侵犯商业秘密、虚假广告及进口产品垄断问题等。在某种程度上，"337 调查"已成为市场竞争的一个手段，旨在确保美国企业在国际竞争中拥有优于其他国家企业的环境。

"337调查"的主要程序包括申请、立案、应诉、听证前会议、取证、听证会、行政法官初裁、委员会复议并终裁与总统审议。如果一方当事人对裁决结果不服，可以向美国联邦巡回上诉法院提起上诉。在专利侵权案件中，当事人可以通过签订和解协议解决争议，终止调查。整个"337调查"程序中共有3次法定的和解会议，促使双方当事人达成和解。如果美国国际贸易委员会（ITC）经调查认定进口产品侵犯了美国的知识产权，其有权采取的救济措施包括有限排除令、普遍排除令、停止令与没收令。

"337调查"是美国企业的一种常用手段。"337调查"具有申诉门槛低、时效快、应诉难度大、费用高、调查结果对涉案企业打击力度大等特点。[①] 具体表现在：一是"快"，审理周期比联邦诉讼短。从提出"337调查"至行政法官进行庭审的时间通常为9~12个月，而美国国际贸易委员会作出终裁的时间通常需要2~4年。二是"稳"，审理知识产权案件经验丰富。美国国际贸易委员会已成为原告主张侵犯知识产权和不正当竞争等权利的主要救济路径。从《1992年关税法》至《1994年乌拉圭回合协定法》，历次修订使得"337条款"呈现较强的可预测性和成熟的程序规则，且美国国际贸易委员会的行政法官仅专注于"337条款"案件，对于处理知识产权案件经验丰富。此外，"337调查"不立案的概率非常小，从原告申请调查至美国国际贸易委员会决定立案调查仅有30天的时间，美国国际贸易委员会通常会在第31天颁布决定立案的通知。三是"狠"，企

---

① 杨蔚玲，汪澍，王媛媛. 我国北斗企业"走出去"进程中的知识产权风险及其应对 [J]. 电子知识产权，2022（12）：108-116.

业维权费用高,违反 ITC 救济命令可能面临巨额罚款。例如,违反停止令的处罚方式包括处以该产品价值 2 倍的罚款、违反停止令之日起"每日罚款"。无论是适用上述何种处罚方式,都足以让企业陷入绝境。

第二节 五年"长跑官司"的来龙去脉

2018 年 3 月 27 日,美国某某技术有限公司根据美国《1930 年关税法》第 337 节规定向美国国际贸易委员会提出申请,主张被申请人对美出口、在美进口和在美销售的产品侵犯了其两项专利权(美国专利号 US93493××、US99167××),请求美国国际贸易委员会发布普遍排除令、有限排除令、禁止令(调查编码 337-TA-1114)(表 4-1、图 4-2)。本案中,被申请人包括艾比森、奥拓电子、雷曼光电、洲明科技、上海三思、元亨光电、利亚德、联建光电以及金立翔等 11 家中国 LED 显示企业以及法国 Prismaflex、日本 NEC 和 Panasonic 等国外企业。

表 4-1 337-TA-1114 案情回顾

时间	案情
2018 年 3 月 27 日	美国某某技术有限公司向美国国际贸易委员会提出 337 立案调查申请,主张被申请人对美出口、在美进口和在美销售的产品侵犯了其专利权,请求美国 ITC 发布普遍排除令、有限排除令、禁止令
2018 年 5 月 24 日	美国国际贸易委员会投票决定对特定模块化 LED 显示面板及其组件启动"337 调查"

续表

时间	案　情
2018年11月27日	在艾比森的统筹和各方的努力下，中国LED显示企业成功向ITC证明了相关技术是中国显示企业自主研发并在先使用等事实，美国某某技术有限公司向ITC提出了撤回调查的动议
2019年1月31日	ITC行政法官通过了初步裁决（第29号命令），批准了该动议，案件进入美国得克萨斯州东区法院审理阶段
2019年2月21日	ITC发布公告称，对涉华特定模块化LED显示面板及其组件作出"337调查"部分终裁：对本案行政法官于2019年1月31日作出的初裁（第29号命令）不予复审，即基于申请方提出的撤回申请，整体终止本案调查
2021年6月7日	美国某某技术有限公司与艾比森在美国得克萨斯州东区法院的庭审开始，双方激烈辩论
2021年6月11日	艾比森主动应诉、积极举证，美国得克萨斯州东区法院就艾比森对美出口LED显示产品知识产权侵权一案作出终审判决，艾比森胜诉
2021年7月	美国某某技术有限公司向联邦巡回上诉法院（Court of Appeals for the Federal Circuit，CAFC）提起上诉
2023年4月23日	美国某某技术有限公司对上诉内容是否提出重新审查的法定期限到期，即视为放弃上诉，艾比森获得案件的彻底胜诉

图4-2　337-TA-1114案件时间轴

第四章
五年长跑诉讼，艾比森打破"337调查"魔咒

第三节 棋逢对手

早期业界对于艾比森的质疑，几乎从未间断过。艾比森于2010年进入LED照明行业，当时LED照明领域的企业遍地开花，产品的技术门槛不高，市场竞争激烈，大多数产品依靠价格取胜。五年后，艾比森通过自主创新的精神、稳扎稳打的作风、质量过硬的产品，终于在LED照明行业有了一席之地。在艾比森上市之前，计划向国家知识产权局申请30项专利，但因专利大部分为外观设计或功能上的简单迭代，专利华而不实且缺少含金量，缺乏立足于行业的核心技术，而遭遇到来自投资者的质疑。事实证明，艾比森迎难而上，积极破解技术难题，在市场质疑声中，稳扎稳打，走出一片新的天地。艾比森将资金与技术投入LED显示业务中，根据行业发展特点，对业务范围进行了合理布局，将业务拓展主要方向放至海外市场，国内则仅保留20%的市场占比。作为最早出口海外的LED显示企业之一，艾比森乘着中国加入WTO的东风，以海外市场为重点逐步发展，坚定地走上了国际化的发展道路。艾比森上市时，其销售额高达10亿元，其中海外市场份额占比高达95%。2018年，艾比森79%的营收来自海外市场，北美洲占比达23%，达4.6亿元。

在艾比森大力开拓海外市场之际，美国某某技术有限公司却在多年前就因为中国产品的引入以及产品技术研发无法与艾比森媲美，导致市场份额日渐衰减。2018年3月27日，美国某

某技术有限公司向美国国际贸易委员会与美国得克萨斯州东区（马歇尔）联邦地区法院申请发起"337调查"，指控深圳市艾比森光电股份有限公司、深圳市洲明科技股份有限公司、深圳市奥拓电子股份有限公司、利亚德光电集团等11家中国企业侵犯其两项LED显示模组专利，并请求颁布普遍排除令、有限排除令和禁止令。美国某某技术有限公司所起诉的这11家企业几乎是中国LED显示行业内的主要企业。这已经不是美国首次针对中国LED行业发起"337调查"了，以LED照明器材为主营业务的广州市浩洋电子股份有限公司，在2018年也曾遭遇"337调查"。不仅如此，每年发起的"337调查"对广东企业总是"情有独钟"，美国国际贸易委员会官网发布的数据显示，自2018年至2022年，美国国际贸易委员会立案的"337调查"中涉案的广东企业多达180家。广东省已连续五年成为遭受"337调查"案件数量最多，且涉案企业数量最多的地区，每年涉及广东企业的"337调查"案件数量稳定在10件以上。其中专利侵权是"337调查"立案的主要原因，部分涉及商业秘密侵权。

为何"337调查"如此轻易地找上了艾比森呢？首先是"337调查"所用的时间较短，一般从申请者申请立案到立案调查仅一周时间，而调查阶段也仅需要5~8个月，这一特点十分有利于美国某某技术有限公司实现速战速决。其次是"337调查"的调查对象、调查原因以及调查领域较为集中。中国企业是美国"337调查"的主要对象，而"337调查"中90%的案件均涉及专利侵权，"337调查"主要涉及的产品大到LED显示屏，小到芯片、LED灯珠等零部件，均属于"337调查"的目标。另外，"337调查"的应诉费用高昂。华为技术有限公司和

第四章
五年长跑诉讼，艾比森打破"337调查"魔咒

中兴通讯（广东）股份有限公司曾应诉"337调查"，两家企业虽然最终取得案件的胜利，但诉讼费高达2亿美元。一旦调查企业败诉，不仅需要支付诉讼费，还要为侵犯知识产权行为支付巨额赔款，面临退出美国市场的惩罚。美国某某技术有限公司正是抓住了"337调查"的特点，对中国企业进行围猎。

艾比森面临两难的处境。第一难在于打官司难。艾比森作为全球领先的LED显示应用与服务提供商，是InfoComm展①的常客，美国业务亦是艾比森市场布局中至关重要的一部分。2018年艾比森在美国的销售额高达5亿元，占公司总销售收入的25%左右。此次"337调查"美国某某技术有限公司提出了普遍排除令、有限排除令以及禁止令，排除令是"337条款"中最重要也最具威慑力的处罚措施，由美国海关执行，若艾比森败诉，将直接导致艾比森的产品无法进入美国市场。我国企业近些年来才陆续选择积极应诉"337调查"，因此，可供参考的"337调查"胜诉案例并不多，但败诉案例的结果却是沉重的。在2005年的复合木地板"337调查"中，中方企业积极应诉，结果却是兵败美国，中国地板出口企业将不能再向美国出口相关侵权锁扣地板，并需要支付大量专利使用费才能销售该木地板产品。这不但影响到了企业的出口贸易，更是加剧了国内复合木地板市场的"内卷"。第二难在于和解难。美国某某技术有限公司漫天要价的行为无疑会大大降低艾比森的营业利润，尽管艾比森可以选择与美国某某技术有限公司和解，向其支付高价的专利许可费，但这与艾比森所坚持的"不说谎、不造假、

---

① InfoComm是北美规模最大、最具影响力的专业视听显示技术行业盛会，具备全球影响力。

不行贿"的"三不"原则相悖。此外，艾比森作为对美出口的龙头企业之一，如果选择和解，也将对中国其他同行企业产生负面影响。据科文顿·柏灵律师事务所北京办事处合伙人黄胜律师介绍："遭遇'337调查'的企业，如果积极应诉，中美两国法律制度的差异、美国繁重的证据开示制度和高达数百万美元的诉讼成本将是一个相当大的困难；但如果企业不应诉，将直接面临缺席判决，继而失去美国市场。"

就在艾比森针对本次"337调查"商议对策、举棋不定时，美国某某技术有限公司的负责人Bill很快不请自来。2019年4月，Bill通过助理联系艾比森董事长丁彦辉，传递Bill专程从美国飞抵中国香港的消息，并邀请董事长丁彦辉去香港面谈。董事长丁彦辉拒绝了Bill的会面，并表示即使需要面谈，面谈的地点也应当选在艾比森公司。而Bill并没有前往艾比森，并在之后的交涉过程中，认为美国某某技术有限公司的30个专利价值1亿美元，要求艾比森支付3200万美元即可获得部分专利的使用授权，意图获取一笔不菲的专利许可费。美国某某技术有限公司企图以与艾比森谈合作的方式，将涉案专利转让给艾比森，两公司共同作为专利权人向国内众多LED行业同行收取专利许可费，联手打压国内其他LED行业的企业。董事长丁彦辉没有与Bill会谈，亦没有答应他提出的任何一个提议。在董事长丁彦辉看来，自家企业并没有侵犯美国某某技术有限公司的专利权，为何要给这笔钱？并且联手打压同行企业发展的行为相当于披着中国企业的外衣，却背刺国内同行企业。美国某某技术有限公司的做法无异于"专利流氓"的行为。

第四章
五年长跑诉讼，艾比森打破"337调查"魔咒

第四节　什么是"专利流氓"

在知识产权领域，"专利流氓"又称"专利海盗"或"专利鲨鱼"，是指那些没有实体业务并主要通过发动专利侵权诉讼等手段获利的公司。与之相关的一个概念为"专利主张实体"，简称 PAE。PAE 是指那些本身并不进行生产经营活动，而以持有专利、专利许可与转让和专利诉讼等运营方式来维持市场经营的主体。其行为一定程度上促进了专利市场的流通，但也可能导致专利权的滥用和诉讼泛滥。"专利流氓"是 PAE 中一种特定的、极端的表现方式，其频繁发起的恶意诉讼会严重阻碍技术的创新与发展。[1] 识别"专利流氓"需关注以下三大点：①大量囤积专利。"专利流氓"喜欢聚合专利，往往倾向于大量购买保护范围较广泛的专利或是标准必要专利。②不实施专利。"专利流氓"作为专利商品化的运营商，不会将专利投入实际生产。③明显恶意倾向。正常维护自身专利权的行为是合法的，而"专利流氓"的行为是通过诉讼或者以诉讼相威胁的手段收取明显不正当的高额的许可费、和解费等，是将所持有的专利"武器化"使用，是专利权滥用、诉权滥用以及专利投机行为。

---

[1] 边仁君. 规制专利非实施主体的正当性判断及检验［J］. 中外法学，2023，35（6）：1616-1635.

第五节　乘风破浪

美国某某技术有限公司的行为让艾比森最终下定决心积极应诉。首先，艾比森在收到"337调查"通知后，第一时间向中国光学光电子行业协会等有关部门说明情况，以寻求帮助。地方相关协会及有关机构很快作出了回应，自监测到艾比森涉LED显示模组"337调查"以来，从专利无效、不侵权抗辩、美国专利法规分析和美国律所管理等方面为艾比森提供了应对建议。其次，艾比森还成立了由艾比森内部专家和外部美国律师组成的应诉团队，艾比森内部的律师有5~6人，又在美国当地聘请了专业的律师团队——美国飞翰律师事务所，该律师团队多达数十人。接手的美国律师团队通过大量调查研究和实地取证后认为，艾比森是一家在中国遵守中国法律、在美国遵守美国法律的公司，各方面管理非常规范，艾比森的胜诉概率较大。另外，艾比森同步着手调查美国某某技术有限公司专利的有效性，通过调查发现，包括美国某某技术有限公司涉案专利在内的30件专利均被无效的可能性较大。尤其是涉案的3件专利均以防水结构为主要诉求点，而艾比森专利核心技术是LED显示屏，涉案专利难以对艾比森的LED显示屏产生实质性的进攻效能。

此次"337调查"中除艾比森以外，被诉名单中不乏有在LED领域具有一定影响力的企业，如利亚德公司、洲明科技与联建光电公司等。由于行业内各家企业收到"337调查"通知

第四章
五年长跑诉讼,艾比森打破"337调查"魔咒

的时间相较于艾比森晚了半年,因此,艾比森所掌握的案件整体情况是较为全面的。同时,有几家企业陷入"心有余而力不足"的情形,甚至因资金不足而解散了法律团队。可见,小企业以一己之力单独对抗"337调查",无异于"以卵击石"。董事长丁彦辉随即提议龙头企业强强联手,最好能够将所有企业说服,共渡"337调查"难关。在其他人看来,要想达成联盟似乎是一件比较容易的事情,因为这11家企业拥有深厚的利益基础以及一致的抗争目标。但在组织和实施的过程中,还是会因利益纠葛带来一些合作上的困难。为团结一致、共同发力,艾比森详细制定了一份"清单",包括每家公司围绕"337调查"具体开展哪些工作。最终,在利亚德公司董事长李军的推动下,部分企业将律师团队换成由艾比森牵头组建的应诉团队,共同应对"337调查"。其他企业大多数因律师费过高选择退出。

在前期工作中,艾比森的律师团队布局了完整的证据链,并全部共享给了其他公司。由于艾比森相关业务在美国的销售额占其海外营业收入的比重较高,本次"337调查"的结果关乎到艾比森的生存,因此,艾比森选择了单独应诉。美国某某技术有限公司的律师团队听闻被诉中国企业联合一致,顿时感到压力倍增,原因在于美国某某技术有限公司与其律师团队签订的是风险代理协议[1],在开展诉讼法律服务时美国某某技术有限公司无须/较少支付律师费,只有在胜诉的情形下其律师团队才能收取相关费用。

---

[1] 风险代理起源于美国,当事人无须支付代理费即可委托律师事务所开展诉讼或非诉讼法律服务,在达成约定的结果后,当事人直接从所得财物或利益中支取一部分作为代理费用,如果约定的结果未达成则自始不必支付代理费用。

第六节 一波三折

自2018年被起诉后,艾比森在北美的销售额逐年下降,加之新冠疫情因素的影响,国际贸易额从2018年的4.57亿元降至2019年的2.96亿元,降幅达35.23%;从2019年的2.96亿元降至2020年的1.6亿元,降幅达45.95%。更为糟糕的是,艾比森的高层变动频繁,仅在四年内就换了五任艾比森美国分公司高管。起初为了应对"337调查",董事长丁彦辉改变企业用人策略,在美国当地招聘高管,造成艾比森美国分公司一个月最高花费高达4000万元。面对蜂拥而至的压力,负责艾比森美国分公司的第二大股东以及总经理分别提出了辞职。董事长丁彦辉也做好了最坏的打算,那就是关闭艾比森美国分公司。继任的公司第二大股东从深圳总部前往美国分公司,将艾比森美国分公司的管理层进行裁减,终于将公司的支出从4000万元降低到1000万元。

美国某某技术有限公司眼见中方企业联合起来,转而采取分化瓦解、逐一击破的策略。它找到其中几家中国LED企业,对其采取游说及威胁,进而成功向多家企业收取到上百万元的专利使用费。这不仅增强了美国某某技术有限公司律师团队的信心,同时还为美国某某技术有限公司后续攻击中方企业提供了充足的"子弹"。在美国得克萨斯州东区法院开庭审判之前,11家公司中的两家LED上市公司也与美国某某技术有限公司达成和解,这让董事长丁彦辉感到十分惊讶,连忙劝说这几家公司的高层,却无济于事。

第四章
五年长跑诉讼,艾比森打破"337调查"魔咒

未被美国某某技术有限公司分化的中国 LED 企业走到一起,各家公司各司其职,提供了大量翔实的起诉对方专利无效以及我方企业不侵权的证据,利亚德公司与洲明科技公司还提供了大量的资金支持。作为被诉企业之一,利亚德公司在"337调查"阶段一方面联系所聘请的美国律师,另一方面公司内部的知识产权、法务、技术研发和国际销售团队密切合作,积极举证。与此同时,联建光电公司提供的关键证据,成为成功扭转局面的关键。经过分析案情,联建光电的研发实力及专业技术均处于行业的领先水平,美国某某技术有限公司于十几年前购买过联建光电的产品,对方在获取联建光电 LED 显示屏产品研发技术资料、产品图纸后,开始在美国申请各项 LED 显示屏专利。在成功获得专利授权后,美国某某技术有限公司利用这些专利起诉联建光电公司及其他同行企业销往美国市场的 LED 显示产品侵犯了其专利权,以此索要巨额赔偿金。联建光电公司没有答应美国某某技术有限公司的漫天要价,而是在公司的风控中心、研发中心及外销中心的支持协助下,搜集到了十几年前的交易证据、沟通记录以及证人证言,为"337调查"提供了关键性证据。

最终,被诉中国企业成功向美国国际贸易委员会证明了相关技术是由中国 LED 企业自主研发并在先使用等事实,美国某某技术有限公司迫于无奈,于 2018 年 11 月 27 日主动向美国国际贸易委员会提出了"337调查"撤案动议,美国国际贸易委员会行政法官初裁同意申请人撤诉。这表明中国企业在这起 LED 显示屏领域"337调查"中取得了阶段性胜利。但是,美国某某技术有限公司在"337调查"期间还向美国得克萨斯州

东区法院发起了平行诉讼①，并在短时间内增加了十余项案涉专利。这起"337调查"案件结束后，美国得克萨斯州东区法院开始审理该侵害专利权纠纷一案，案件的被告方为中国LED企业。接下来，中方企业还有一场硬仗要打。

第七节 鹿死谁手

由于LED行业内各家企业收到起诉书的时间先后不同，因而被诉中国企业的开庭时间也不同。艾比森作为被告首先出庭应诉，其专利侵权案的判决结果将影响其他企业应诉的信心。2021年5月下旬，美国地区法官Rodney Gilstrap驳回了艾比森对地方法官关于"LED显示模组专利并非是基础必要专利"的建议，并裁定维护该专利的决定并无"错误"。这使得案件的未来走向更加难以预测。

而案件出现新转机是在2021年6月，艾比森在马歇尔的得克萨斯州东区法院参加的诉讼庭审。马歇尔（Marshall，Texas）位于得克萨斯州东北部，距离路易斯安那州的边界仅有几分钟车程，而与最近的大城市达拉斯相距240 km。马歇尔是全球专利诉讼的高发区，却不是高新技术企业聚集区，该地只有两万多人口，主要依靠种棉花、伐木、铁路运输维持经济命脉。那么究竟是什么让马歇尔从得克萨斯州的其他城市中脱颖而出，成

---

① 为了弥补美国国际贸易委员会无法就损害赔偿问题作出裁决的缺陷，"337调查"的申请人可以在向ITC提起调查请求的同时向美国联邦地区法院提起专利诉讼，给竞争对手施加更大的压力。"337调查"后，美国法院将恢复诉讼。

第四章
五年长跑诉讼,艾比森打破"337调查"魔咒

为一个专利诉讼名城呢?美国得克萨斯州东区法院位于马歇尔(图4-3),以审理专利诉讼案件著名,法官拥有着丰富的审理专利案件经验。从历史数据上看,美国得克萨斯州东区法院审理的知识产权诉讼案,专利权所有人胜诉率高达88%,大大超过全美68%的平均水平;美国得克萨斯州东区法院案件的审理速度快,平均审理周期为9~18个月,比全美平均审理周期2~4年更短;美国得克萨斯州东区法院审理的案件侵权赔偿金额高,几乎是全美平均赔偿金额的两倍。例如,在EchoStar通信公司侵犯TiVo公司的专利案件中,马歇尔陪审团判定赔偿数额为7300万美元。因此,得克萨斯州东区法院成了"专利流氓"扩张与聚集的"圣地",每年都有不少公司慕名前来,很多世界知名的公司每年都会在这个法庭上作为被告出庭几次,其中不乏微软、中兴、华为等国内外行业巨头。

图4-3 美国得克萨斯州东区法院

根据法庭既定的诉讼开庭流程,控辩双方各有12小时的时间依次展示证据,包括文件、视频、人证、物证等。原告首先进行展示,紧接着是被告。一方的证人在完成质证后,由另外一方当即进行反问,提问的时间分别计入各自的时间。双方均展示完毕后,再进行最后的结案陈词,随后依法宣布休庭,以便陪审团针对案件进行闭门合议。陪审团在庭审的过程中既不能接见控辩双方,也不能交头接耳,只有在合议环节才能讨论案件事实,并且最终要达成一致的合议意见。陪审团对于案件的了解均来自控辩双方律师在法庭上所展示的证据以及双方的陈述。为了保证庭审的顺利,双方在开庭前需要把展示的内容互相交换,在法庭上不允许展示"范围之外"的材料。

2021年6月1日晚上8点整,正当双方准备开庭时,法院组织案件双方当事人进行夜间诉前调解,要求调解时企业的高管必须到场。在调解的过程中,美国某某技术有限公司的态度十分强硬,艾比森增加了和解金,但仍坚持获得所有专利的授权许可,既要守住底线,又保持应有的诚意和态度。虽然未与美国某某技术有限公司调解成功,但艾比森展示出来的合作态度与诚意给调解法官留下了良好的印象。

美国飞翰律师事务所作为多家中方LED企业联合指定的诉讼代理律所,在收到相关诉讼材料并经过仔细分析、评估后,随即与中方企业的法务、知识产权、销售和技术团队等展开密切沟通,帮助中方企业分析涉案专利、被指控侵权产品与确定可有效用于专利无效的现有技术,并确定了各家企业的辩护策略。2021年6月3日上午,控辩双方开始选择陪审团成员。在

第四章
五年长跑诉讼，艾比森打破"337调查"魔咒

美国，陪审团成员由双方律师及法官从当地的普通公民中选出，陪审团必须做出一致的决议。艾比森想挑选到合适的陪审团成员并不容易，得克萨斯州东区法院所在城市的老年人口数量占比较高，教育程度不一，可能对于 LED 显示行业的专利技术所知甚少。与此同时，统计数据显示，相较于其他州区，得克萨斯州东区法院的陪审团支持原告的概率较大。有人曾经这样形容得克萨斯州东区法院的陪审团："专利权原告最好的朋友就是得克萨斯州东区法院的陪审团。"在聆听候选人的自我介绍后，艾比森统筹考量多方因素，慎重地从 40 名陪审团成员的候选人中选择了 8 位女性作为陪审团成员。

下午双方进行开庭陈述，法官在开庭之前对陪审团关于案件的审理作出了三项指示：①听完双方的完整陈述之后再作判断；②判断证人及证词前后的一致性；③判断证人/公司的可信度。前两项指示属于客观标准，而第三项受主观因素影响较大。尽管艾比森的各项证据均准备充足，但仍然十分担心陪审团能否在庭审过程中充分理解并接受艾比森在 LED 显示行业的专业陈述及证据，并作出公平公正的判决。

2021 年 6 月 7 日，艾比森 LED 大屏专利侵权案如期开庭。受紧张复杂的国际形势和新冠疫情对中国的影响，在一开始的庭审陈述阶段，美国某某技术有限公司的律师故意强调中国、深圳等字眼，试图通过美国民众对中国的刻板印象来影响陪审团的判断，但此项行为很快就遭到艾比森律师的反对。法官禁止美国某某技术有限公司故意上升到国家层面，并在非必要的时候不允许对方提及地域化的字眼。随即法官宣布临时休庭，并向陪审团对庭审再次作出了明确指示：案件是关于两家企业

本身的诉讼，不应受到国际关系的影响，只能针对案件本身的事实进行决议。

比起挑拨性的辩护策略，更令人气愤的是，美国某某技术有限公司在举证的过程中，不仅做前后矛盾、错漏百出的虚假陈述，还伪造和编造了事实。美国某某技术有限公司的老板宣称他是这些专利的专利权人，却无法说明所展示的专利附图中附图标记 W 和 H 的字母含义；在进行防水测试时，展示了使用艾比森箱体在自家门前"冲洗"的录像，并据此得出具备良好防水性能的结论；美国某某技术有限公司宣称公司拥有超过几千名的员工，实际上是计算了他们在中国的供应商的员工人数，且公司并未与这些员工签订劳动合同，也并未给他们支付工资；美国某某技术有限公司宣称他们有生产线，最多的时候有十几名员工，生产线是生产企业的生命线，但是现在却没有人。当被问及对方认为需要有多少人才能生产 LED 显示屏时，回答是只需要两个人就可以开始了，这一答案不仅显得十分荒谬，也更加能够证明美国某某技术有限公司属于"外行人"。

通过上述情况可以看出，美国某某技术有限公司竟然在法庭上堂而皇之地说谎。艾比森表示很愤怒，这样的一家"专利流氓"在市场上活跃了这么多年，而我国很多 LED 企业出于各种原因选择了妥协，向一个没有实操经验的公司低了头。通过这次诉讼，艾比森更加坚定了将官司打到底的决心，决不能让对方再危及中国 LED 行业的发展。

第四章
五年长跑诉讼，艾比森打破"337调查"魔咒

第八节　涅槃重生

在庭审过程中，陪审团不仅询问专利的具体内容，也会调查艾比森在美国的经营情况。例如，艾比森在美国是否存在违法行为，是否曾经销售假冒伪劣产品，是否存在欺骗客户的记录以及有没有重大客户投诉、劳资纠纷等。能否回答好上述问题决定着企业是否诚信，只要回答出现漏洞，陪审团可能据此认定艾比森侵犯对方专利。所幸在庭审现场，陪审团没有发现艾比森任何不诚信行为。

最终，案件讨论聚焦在美国某某技术有限公司的专利是否有效上。艾比森请到美国当地的LED显示屏行业专家，甚至是行业权威，他是从前行业标杆公司的创始人，亲自设计过划时代的LED产品，十分清楚整个LED显示屏行业技术发展的历程。他找到美国某某技术有限公司购买我国产品的记录，以及我国在先申请的一件专利，用充足的证据说服了陪审团和法官。在结案陈词环节，代表艾比森企业的律师一针见血地指出美国某某技术有限公司的本质：不选择在市场上去竞争，而是选择在法庭上开展他们的业务。艾比森北美区总经理刘春林表示，美国某某技术有限公司是在与中国LED企业进行商业交易的过程中，获取了一些技术资料并且在美国申请了专利，而后利用这些专利对中国LED企业发起诉讼。美国某某技术有限公司不是这些技术的真正发明人，在申请专利的过程中也没有披露技术的来源。相信这是影响陪审团成员作出最终裁决的主要因素。

美国当地时间6月11日，8名陪审团成员进行商议并一致认为艾比森没有构成侵权，美国得克萨斯州东区法院裁决宣布：艾比森9个被控产品均未侵犯任何美国某某技术有限公司的知识产权。同时，本案所涉及的、由美国某某技术有限公司声称自己所拥有的3项专利均被判定为无效。与此同时，艾比森作为胜诉被告，有权向原告美国某某技术有限公司追讨诉讼费用。判决当日（北京时间凌晨4点），获知胜诉消息的董事长丁彦辉第一时间表扬了美国律师团队的工作，利亚德公司董事长李军在第一时间向丁彦辉表示了祝贺，艾比森一片沸腾。这场历时5年多的"马拉松应诉官司"的胜利，不仅是中国LED企业对美国"337调查"和美国得克萨斯州地区法院诉讼的首次胜利，也扫清了中国LED企业在美国市场以及全球市场上的专利障碍，为后续与艾比森联合应诉的利亚德、洲明和联建等同行业企业在庭审中的胜利奠定了坚实基础。艾比森在LED行业历史上留下了浓墨重彩的一笔，对中国"出海"企业的知识产权保护有着重要的借鉴意义和价值。

艾比森开展了一场近5年的马拉松式应诉，花费了数百万美元，过程曲折而煎熬。在庭审开始之前，所有人都认为艾比森必输，不仅要进行经济赔偿，还可能被迫撤出美国市场。根据民意调研，律师团队认为陪审团倾向原告的可能性很大。对此，艾比森已经做好两手准备，聘请的专业反诉律师一直在场上待命，全过程记录庭审过程，准备日后对美国某某技术有限公司展开反诉。董事长丁彦辉表示，"艾比森准备乘胜追击，继续上诉，把这几年的官司费都追回来"。而如果美国某某技术有限公司最终败诉，将无力支付巨额律师费，很可能会面临破产

第四章
五年长跑诉讼，艾比森打破"337调查"魔咒

的困境。

第九节 知识点总结

1. 337-TA-1114 案件特点

（1）案件调查持续时间长。从 2018 年 3 月 27 日提起"337调查"起，至 2019 年 2 月 21 日作出"337调查"终裁决定，持续时间 331 天；至 2021 年 6 月 11 日作出诉讼判决，持续时间 1172 天。

（2）案件具有很强的专业性。本案所涉及的 LED 技术问题较为专业、深入，对律师团队、陪审团成员的专业知识水平要求较高。并且需要 LED 领域的专家就技术问题给予专业帮助和意见，尤其是案件的技术争辩焦点，对侵权结果的判定起到决定性作用。

2. 为获得"337调查"胜诉，艾比森做了哪些工作

应对"337调查"的过程艰难，制订合适的应诉策略显得十分重要。"337调查"与地方法院应诉是两个不同的阶段，应诉准备的重点不同，如何才能确保全面胜利？艾比森做了以下工作：

（1）组建一支专业的律师队伍。自 2018 年被起诉后，艾比森的法务团队、负责人就开始与美国律师团队展开交流，成立了一个由艾比森内部专家和外部美国律师组成的应诉团队。

（2）做好无效对方专利的准备。艾比森一开始便主动出击，开展了对美国某某技术有限公司专利有效性的调查，对美国某某技术有限公司的所有专利做好无效的准备。一旦专利权被宣告无效，则该专利被视为自始不存在，专利侵权判定的基础亦即自始不存在，美国某某技术有限公司无法基于30件专利起诉艾比森。艾比森十分了解自己的专利技术以及LED行业的技术，并确信没有窃取美国某某技术有限公司的技术申请专利，自然也就敢于主动攻击。

（3）联合应诉。根据申请人的相关文件，艾比森、奥拓电子、雷曼光电、洲明科技、上海三思、元亨光电、利亚德、联建光电以及金立翔等11家中国显示屏企业以及法国Prismaflex、日本NEC和Panasonic等企业均在被诉名单中。本次"337调查"，董事长丁彦辉主动联系，将应诉方案发给LED显示屏的龙头企业利亚德董事长李军，与利亚德公司一同呼吁被诉企业集中应诉资金，将各家律师团队换成艾比森的律师团队，形成多家企业联合应诉的局面。

（4）寻找专业支持。针对中国LED企业的"337调查"影响的并不只是这11家企业，而是整个LED行业。若美国某某技术有限公司胜诉，整个LED行业将受其专利影响。因此，被调查者要想赢得"337调查"，关键就在于团结一致，并有效共享与专利相关的技术和资源，以形成更强的防御与反击能力。艾比森自费1000万元，从整个LED行业发展的角度坚持应诉，为全行业利益据理力争，赢得了同行的尊重，并成功吸引了LED行业里做出划时代产品的专家为艾比森出庭作证。

（5）了解美国的陪审团制度。知己知彼才能百战不殆。在美国当地打官司就必须要了解美国诉讼的游戏规则，美国是一个具有陪审团制度渊源的国家，陪审团的作用不可忽视，案件的最终裁决是由陪审团讨论得出的。据统计，在专利侵权案件中，陪审团参与案件审判的占全美所有专利侵权案的76%。只有了解美国陪审团制度，才能更好地赢得陪审团的信任。

3. 艾比森如何做到联合应诉

联合应诉一直是我国众多企业面对"337调查"时所希望形成的局面，但在现实中能达成一致联合应诉的案例却很少。主要原因有以下几个方面：

（1）"337调查"被诉名单中的企业一般为同行企业，而同行企业又是在市场上短兵相接的竞争对手，联合应诉涉及彼此之间的利益，难以迅速转变竞争关系成为合作伙伴。

（2）被诉企业众多，而每家企业的规模不同，有行业的龙头企业，也有部分小企业。各家企业在美国市场的业务量不同，美国市场占企业全市场的份额也不相同，导致不同的企业应对"337调查"的动机与目的各不相同，很难达成一致意见。

（3）每家企业都有自己的律师团队，其应诉目的不同会导致应诉策略也不同，在应诉方面的预算也不尽相同。

（4）"337调查"的结论是对所有企业的，一旦专利权被无效或是对方撤诉，所有被调查的企业都能享受同一结果。因此，总会有企业选择"躺平"，选择消极应诉，坐等成功收益，不愿联合应诉。

总而言之，联合应诉的确能够取得最好的应诉成绩，但如何说服众多互为竞争关系的被诉企业合作，是"337调查"中普遍存在的难题。在这方面，艾比森首先找到 LED 显示行业龙头企业利亚德公司，与利亚德公司董事长联系并表达了联手应诉的想法。在得到利亚德董事长李军的支持下，进而呼吁大家联合应诉；紧接着艾比森将前期的工作成果全部共享给了其他企业，减少其他企业的应诉压力，也让其他企业看到了艾比森的诚意；然后，艾比森将同行企业在美国的销售规模整理出来，将艾比森已完成的工作、同行企业已完成的工作、各家企业应承担的费用等逐一罗列出来，非常公正客观地作出核算，使得各家企业在如何分摊律师费的问题上很快达成共识；最后，艾比森比同行企业早半年收到起诉状，艾比森的应诉准备是相对充分的，适合主导联合应诉。艾比森在完成以上四点工作后，迅速与多家企业形成同盟，按照约定各司其职，联手应对"337"案件，为该案取得最终胜利奠定了坚实的基础。

4. 艾比森"337"之战的启示是什么

丁彦辉董事长带领艾比森团队历时五年打赢了美国"337"知识产权案，成为中国企业在海外捍卫自主知识产权并最终赢得胜利的典型案例。针对此次艾比森"337"之战，对话艾比森董事长丁彦辉先生，他的心得体会如下：

（1）中国企业一定要加强专利意识。不要因为简单就不重视，像防水这种低级技术，我们不重视，人家就会拿来阻碍我们。

（2）积累专利不是为了阻碍别人，而是为了保护自己。

（3）完全透明化做企业，是一件艰难而正确的事。艾比森把它刻在骨子里，坚决不说谎、不造假、不行贿。这就是商业的规律，很多企业一开始不适应，艾比森证明了这是一条正确的路。

（4）美国市场很大，虽然有很多"寄生虫"和"专利流氓"，但他们的法律体系非常完善，最大的好处就是讲证据，因此，对在美国打官司要有信心。

（5）早年间，部分中国企业的造假、伪劣行为，确实给美国各界造成了负面影响。因此，真正的中国企业要有担当，不造假、不行贿，用创造价值赢得尊重。个别造假企业，会损害中国企业的集体声誉。

（6）当你的产品足够强大，才能够抗衡国际阻力。

（7）最后也是最重要的一点：做企业坦坦荡荡、干干净净就是最大的捷径，一定会获得回报。

5. 企业应对美国"337调查"的策略

（1）前期准备工作。一方面，当企业收到美国国际贸易委员会提起的"337调查"通知时，应当及时掌握案件的基本情况，预算案件诉讼费用，聘请专业律师分析案件，确定企业的应诉策略。与此同时，企业还需要积极收集和提供相关证据，以便证明没有侵犯他人专利权。在准备应对"337调查"时，若多家同行企业同时出现在被诉名单中，可以优先考虑企业联合应诉的可能，必要时设立联合应诉基金，以加大"337调查"的胜诉概率。另一方面，积极寻求行业协会等专业组织和机构的支援，帮助企业联合起来，集结力量，共同筹集资金甚至分担诉讼费用，不少行业协会还会在应诉时共享证据材料和诉讼经验。中国光学光电子协会就表示，美国某某技术有限公司所拥有的两个专利以防水为主要诉求点，并无实质性的保护效能，对中国 LED 显示企业出口美国并无实质性的约束和伤害。再如，广州市浩洋电子股份有限公司应对"337 调查"案中（337-TA-1107），中国机电产品进出口商会、中国演艺设备技术协会向浩洋电子提供了大力支持，为浩洋电子向各行业协会进行了资源对接，为浩洋电子在多个平台上搭建了有效的支持网络，确保资源的顺畅流通。此外，协会在行业内广泛呼吁，鼓励同行携手合作，共同为应诉企业出谋划策，形成良好的行业互助氛围。

（2）积极行使抗辩权。通过分析中国企业应诉"337 调查"的案件，可以发现企业行使抗辩权共有两种方式。第一种是不侵权抗辩。通过分析原告的权利要求书，证明被控侵权产品不具备原告专利所要求的必要技术特征，或是证明与原告的专利权利要求记载的技术特征既不相同也不等同；被告也可以查询原告在申请专利或无效程序过程中是否存在缩小专利保护范围的陈述或者修改以及是否适用禁止反悔原则，这些情形均可能导致等同原则在案例中不被适用。另外，被告方还可以证明己方实施的是现有技术而不构成侵权。不侵权抗辩属于防卫性抗辩，被告的举证责任相对较低。第二种是专利无效抗辩。通过请求宣告原告的专利无效，从而摆脱侵犯原告的专利权的指控。在美国无效他人的专利共有两条途径：一是向美国专利商标局（US-PTO）下设的专利审判与上诉委员会（Patent Trial and Appeal Board，PTAB）提出；二是直接向受理专利侵权诉讼的联邦地区法院提出专利无效的动议。例如，在浩洋电子"337 调查"中，浩洋电子的应诉团队向美国国际贸易委员会提出了对申请人

（美国 Fraen 公司）专利稳定性的质疑，从而证明其专利无效。

（3）注重运用诉讼以外的方式。并非所有的"337调查"案件均是以诉讼而结案的，实际上通过非诉讼手段结案的比例达到了50%。之所以出现这种情况，很大原因是高昂的诉讼成本使得中小企业无法负担，从而选择非诉讼方式结案，亦是明智的选择①。具体非诉讼手段可以有下面两种。一是和解。在双方均想快速解决案件的情况下，可以选择与原告进行谈判，通过一定的利益补偿达成和解。但面对"专利流氓"，选择和解的方式只会助长其起诉中国企业的风气。二是并购。我国很多企业在资本实力上与美国企业不相上下，但在知识产权数量、质量及转化率等方面差距依然较大，因此遭遇"337调查"的风险较大。在337-TA-1021案件中，天津市纳恩博科技是一家智能短途代步设备研发生产商，主要产品为各类电动平衡车，通过并购原告美国Segway公司而形成了新的Segway-Ninebot品牌，并获取了Segway公司的400多项技术。

（4）适时提出反诉。《1994年乌拉圭回合协定法》赋予被诉方提出反诉的权利，被诉方可以向美国国际贸易委员会提起反诉。根据《美国国际贸易委员会操作与程序规则》，被诉方可以在"337调查"程序开始后至听证会召开前的10个工作日内向美国国际贸易委员会提出反诉请求，反诉会被移交到有管辖权的地区法院审理。反诉是一种技术手段，真正的目的在于消耗起诉方大量的精力，增加其诉讼成本，在一定程度上可以实现让对方撤诉或双方和解的目的。

---

① 黄芸. 美国涉华"337调查"的现状及中国应对新策［J］. 对外经贸实务，2021（5）：56-59.

05
第五章
突围"337调查"困局，华思旭获终裁胜诉

深圳市华思旭科技有限公司（以下简称华思旭），作为锂电池应用领域的优势企业，始终将创新精神深植于企业发展的核心，不断推出前沿技术与革新产品。其自主研发了全球首台锂电池多功能应急启动电源（Carku），并成为汽车应急启动电源行业标准的起草单位。

正当华思旭蓄势待发，准备拓展海外市场时，一场突如其来的挑战打破了原有的宁静。2021年，N公司针对包括华思旭在内的110家汽车应急启动电源企业发起了"337调查"。面对这一严峻考验，华思旭迅速联合受影响的客户企业，组建专业团队积极应诉，并在"337调查"中取得了初步胜利（图5-1）。随后，华思旭相继在加拿大、英国、德国及中国等多地法院，对N公司发起了有力的反击，展现了华思旭在知识产权保护方面的坚定立场和出色的纠纷应对能力。

第五章
突围"337调查"困局,华思旭获终裁胜诉

图5-1 纽约时代广场纳斯达克广告:华思旭在"337调查"中胜诉

第一节 偶然的创新

华思旭成立于2011年,是一家专业从事锂电技术应用产品研发、生产、销售的高新技术企业,同时也是国家级专精特新"小巨人"企业和行业标准制定起草单位。从一个仅有几十平方米的小办公室、几个员工的创业小公司逐渐成长为拥有上千名员工、11000平方米智慧工厂的高新技术企业,华思旭依靠创新实现了华丽转身与完美逆袭。截至2022年年底,华思旭在全球范围内已拥有469项专利,其中海外专利73项,中国专利396项。华思旭的业务已拓展至全球6大洲50多个国家,且均是汽车工业相对成熟的国家或地区。

华思旭发展的历史轨迹生动诠释了自主创新的澎湃力量。2011—2012年,全球首台便携式锂电汽车启动电源在华思旭诞生,这一创举改变了传统的铅酸蓄电池市场,开创了锂电池类应

123

用电源的先河,并帮助华思旭成功进军全球锂电市场;2013—2017年,华思旭不断研发新品,开拓了汽车、农机领域,获得了国家高新技术企业认证以及红星奖、iF德国设计奖等多项国内外大奖;2018—2019年,华思旭进军储能领域,专注于储能的技术迭代,研制出DSLI IV代-智慧安全启动电源,获得了广东省高成长中小企业、深圳知识产权优势单位等荣誉称号;2020—2021年,华思旭进军智能小家电、电动工具领域,推出卡儿兔无线电动工具,新建惠州总部基地,并获得国家级专精特新"小巨人"企业、广东省工业设计中心的荣誉称号;2022—2023年,华思旭以"筑梦新征程开创新纪元"为主题的卡儿酷科技产业园建成,致力于围绕"电池+"领域,拓展户外电源、智能小家电等潮流产品,为用户提供智慧能源新选择。[①]

华思旭的创始人雷云先生是一位极富创新精神的企业家,同时也是应急启动电源行业的技术专家。每个不经意的创新之举,都可能带来"蝴蝶效应"。那么,雷云的创意"盲盒"是如何开启的呢?一次意外的停电开辟了一个全新的赛道。早期,华思旭的主营业务是生产加工航模电池,而航模电池以小体积、大倍率、释放电流大而著称。2011年,华思旭办公所在的楼房临时停电,而停在楼下车库的汽车亦无法正常充电。雷云突发奇想,能否用公司实验室的电池组启动汽车?经此尝试后,他意外发现小巧玲珑的电池组真的启动了汽车。此后,雷云便开始分析该电池组应用到汽车启动领域的可行性,并认为这种电

---

① 周雨萌.华思旭科技:首创锂电汽车启动电源 让民族品牌挺直"腰杆"[EB/OL].(2023-03-25)[2023-11-17].https://baijiahao.baidu.com/s?id=1761270470958182106&wfr=spider&for=pc.

池组能够满足一部分车主的实际需求,具有一定的市场前景。随后,华思旭的研发团队迅速对电池组进行改造,在根据汽车使用环境做了大量实验的基础上,雷云及其研发团队首先针对航模电池做了高低温改善,再结合电子电路,研发设计出了成品。工业产品的诞生离不开外观设计与结构设计,在经过市场调研后,雷云及其研发团队进一步完善产品的外观和结构。最终,华思旭推向市场的第一款产品——汽车应急启动电池01款(Carku)问世(图5-2),填补了该领域的技术空白。2012年2月10日,华思旭参加了广州九州汽车生态博览会。面对展会观众对"充电宝一样的东西能否启动汽车"的质疑,华思旭在展会现场进行了演示:将汽车电瓶拆卸后利用参展产品打火,当汽车引擎再度发出轰鸣声时,在场的参展企业与境外客商对该产品的使用效果给予充分肯定。华思旭首日收获了大批的意向订单,产品也迅速获得市场肯定。此后,华思旭的产品逐渐销往全球各地,包括欧美地区、俄罗斯、日本、澳大利亚等经济相对发达的国家或地区。

图5-2 Carku应用场景

华思旭的 Carku 凭借着小巧的外观、稳定的性能与极高的性价比迅速打开国际市场。2013 年，华思旭 Carku 的销售额高达 4000 万元，2014 年的 Carku 销售额更是突破 3 亿元，华思旭成了锂电池多功能应急启动电源的领军企业。华思旭的汽车应急启动电池产品为何如此受欢迎？当处于天气寒冷或汽车蓄电池亏电而无法启动的情形下，汽车应急启动电源能够在短时间内启动汽车。而与传统备用电瓶不同的是，Carku 汽车应急启动电源采用高聚合物锂电池，具有安全性能好、稳定可靠、更轻薄、容量大、转化率高和寿命长等特点（图 5-3），Carku 汽车应急启动电源抛弃传统的笨重铅酸电池，改用锂电池制造汽车应急启动电源，在安全与环保方面具有重大意义。同时，价格低廉亦是 Carku 汽车应急启动电源的优势之一。欧美等发达国家的劳动力成本普遍较高，如果遭遇上述汽车无法启动的情形，大众所需支付的服务费用为 30~50 美元，而购买 Carku 汽车应急启动电源的价格则远远低于该服务费用。因此，在相同条件下，选择 Carku 汽车应急启动电源是最佳的选择。

图 5-3　Carku 部分型号产品

第五章 突围"337调查"困局,华思旭获终裁胜诉

第二节 不速之客

就在华思旭准备在全球市场大展拳脚时,一位大洋彼岸的"朋友"找了过来。美国N公司成立于1914年,是一家海洋工业和光电电池管理解决方案的企业。其总部位于美国的俄亥俄州克利夫兰,经销公司多数位于欧洲的荷兰蒂尔堡、亚洲的中国香港,产业布局涉及多个领域。面对一家大型企业的来访,当时成立不足三年的华思旭十分重视,并认真地进行了接待。

N公司是如何联系上华思旭的?在华思旭2013年开始进军国际市场时,收到了来自N公司的信息,随后华思旭便开始与N公司进行沟通联系。先是消息往来,而后N公司在2014年1月派遣两名员工专程前往华思旭开展技术交流活动。N公司在华思旭的接待下参观了企业展厅,观看了产品演示,听取了现场讲解,详细了解了华思旭在技术创新、产品服务等方面的情况。走访结束时,创始人雷云主动邀请对方在企业合影,以留下双方合作的宝贵资料,但N公司却直接拒绝了合影的提议。雷云当时十分疑惑,根据雷云多年从业经验,无论是国内客户还是国外客户,即使最后没能谈成合作,大家都会合影留念,而N公司的工作人员称未来有机会合作时再合影。此时雷云虽心有疑惑却也未曾深想,毕竟"来者是客",有大企业主动上门求合作当然是一件好事。N公司在完成了对华思旭的交流访问后依旧与其保持联系,2014年3月,华思旭按照N公司的请求

向其寄出了样品。

N公司真的是因为产品找上华思旭的吗？随着与N公司接触的深入，华思旭发现与N公司合作并没有想象中的友好。在寄出样品后不久，N公司联系上华思旭，希望与华思旭达成合作，但条件之一就是必须立刻终止向另外一家正在合作的客户供货。原来，N公司将该客户视为竞争对手，与华思旭交流接触的最终目的便是打压其商业对手。华思旭在得知N公司的意图后认为其合作要求十分无理，当即回绝了与N公司的合作意向。在雷云看来，做任何事情哪怕是企业之间的合作交易都要讲究"先来后到"。即使与华思旭合作的企业是小微企业，只要其没有主动终止与华思旭的合作关系，华思旭就不该背信弃义。由于N公司过于强势的合作条件，华思旭放弃了与其合作的念头。但在与N公司邮件往来以及面对面交流的过程中，N公司获取了华思旭的部分技术资料，包括大量的产品演示信息以及离开华思旭后与其交流往来所求得的样品。华思旭一度十分怀疑N公司获取技术资料的目的，可能是对华思旭的样品进行拆解，进而开展反向工程①，破解华思旭的核心技术。

第三节 兴风作浪

虽然与美国N公司的合作没有谈成，华思旭却并未过度介怀，而是继续专注于自身的发展与创新。然而令华思旭万万没

---

① 反向工程是指通过技术手段对从公开渠道取得的产品进行拆卸、测绘、分析等而获得该产品的有关技术信息。

想到的是，2014年7月，N公司申请了与华思旭Carku产品高度相似的PCT专利，并先后在全球多个国家（包括美国、加拿大、德国、英国和澳大利亚等）获得授权，且该专利延伸出的美国专利家族仍然不断通过分案及延续案的方式扩大其规模。2018年，随着该PCT专利相继在美国、加拿大、德国及英国等国家获得授权，N公司开始在上述多国的法院及电商平台持续对我国同行企业以专利侵权为由进行起诉或投诉。而华思旭却是在长达几年后的行业专利诉讼中才知晓N公司的行为。N公司的聪明之处在于早期并没有针对华思旭及其客户企业进行骚扰，而是绕开了华思旭的企业圈子，通过对华思旭的友商即N公司的竞争对手提起专利侵权诉讼来巩固自身专利的稳定性、有效性。在N公司接连的骚扰与诉讼下，部分企业连夜下架涉案侵权产品，甚至有的企业直接退出汽车应急启动电源行业，国内汽车应急启动电源行业的企业数量急剧下降。惠州市某公司高管表示，其公司主要在亚马逊网站销售汽车应急启动电源，自2019年开始，N公司开始以专利侵权为由，向亚马逊网站进行投诉，导致公司的产品在亚马逊网站批量下架。起初，其公司在美国、加拿大、日本、欧洲等十几个国家或地区分站均有销售，经过N公司的投诉后，公司的事业版图仅剩下美国与日本两个分站，公司的营收出现大幅下降，销售额从每个月的300万美元下降至20万美元。在大幅削弱竞争对手的市场份额后，N公司产品的销量逐渐增长，其价格也不断上涨。雷云表示，N公司的做法对于华思旭而言也有一定的好处，就是能够减少以次充好的小厂商。华思旭开创了汽车应急启动电源行业，其知识产权价值不言而喻，而山寨企业的行为不仅偏离了行业健康发展的轨道，还严重扰乱了正常的市场竞争，不利于品牌企业的正常运营和长远规划。

华思旭既是汽车应急启动电源行业的头部企业，亦是 Carku 汽车应急启动电源专利的拥有者。因此，雷云认为 N 公司"不能动、不敢动"华思旭。当发现 N 公司没有骚扰华思旭及其客户企业的心思后，华思旭便没有再关注 N 公司的后续行动。殊不知华思旭漫不经心的态度助长了 N 公司的嚣张气焰。三年内，国内的汽车应急启动电源企业被 N 公司折腾了一遍，在尝到获利甜头后，N 公司将主意打到了华思旭的头上。2020 年，华思旭开始收到来自 N 公司的骚扰——一纸来自美国国际贸易委员会的立案通知出现在了雷云的办公桌上。

2021 年 3 月，美国 N 公司根据美国《1930 年关税法》第 337 节规定，针对包括华思旭在内的 110 家汽车应急启动电源企业向美国国际贸易委员会发起了针对汽车应急启动电源行业的"337 调查"，主张对美出口、在美进口及销售的特定便携式电池启动器及其组件（Portable Battery Jump Starters & Components Thereof）侵犯了其专利权，要求所有被告企业的产品禁止进入美国市场。该"337 调查"案（ITC-337-TA-1256）涉及 N 公司的两件同族专利，分别是 US.××07015（015 专利）与 US.××604024（024 专利）。同时，该"337 调查"案成为"337 调查"历史涉案公司最多的单个案件之一，对汽车应急启动电源行业发展造成重大影响。美国作为全球锂电池多功能应急启动电源最大的市场所在国，其市场份额占全球市场的份额超过 70%，该"337 调查"所列被告几乎包括所有的中国生产商，且多数企业位于广东。由此可见，N 公司此举的主要目的在于阻止华思旭和我国近 110

第五章
突围"337调查"困局,华思旭获终裁胜诉

家行业内企业进入全球市场。面对 N 公司的恶意行为,雷云的第一反应是惊讶,第二反应是愤怒。N 公司明知华思旭是该行业第一件相关专利的持有者,亦知晓自身产品来自他人的技术成果,却依然将华思旭列为被告。

面对 N 公司的挑战,华思旭毅然决定迎战,不仅是为了捍卫自己的创新成果,也为担负起行业领军企业的责任,联合民族企业拿起法律武器维护自己的正当利益,彰显中国企业的研发能力和贸易实力。此次"337调查"对于汽车应急启动电源行业影响深远。一旦败诉,整个行业的产品将无法进入全球智能电源行业最大的市场,众多行业内企业也将面临破产的风险。在研讨如何应战的过程中,华思旭对自身情况进行了初步分析,包括此次"337调查"的胜率、反击的手段以及应诉的成本、取得的收益等。为了应对"337调查",华思旭采取了哪些有效措施呢?

首先,在 N 公司发起"337调查"后,华思旭主动向专业服务机构寻求帮助。服务机构快速响应,分析研究华思旭涉诉情况,组织各类专家深入华思旭调研,根据公司的特点、需求,提供相应的侵权判定技术支撑,推动案涉企业成立应诉联盟,提出国内反制与和解谈判建议,并设计规避技术方案,充分为企业抢占先机、争取时间。早在 2020 年 5 月,相关专业机构就已监测到 N 公司向广东省的汽车应急启动电源生产及销售企业发起美国专利侵权系列诉讼,并联合广东省海外知识产权保护促进会成立应急小组,收集相关诉讼案件情况,分析 N 公司的专利布局并发布纠纷预警信息。在得知 N 公司发起"337调查"后,应急小组主动联系主要应诉企业,深入剖析该案件情况,

详细介绍"337调查"的制度与程序，为企业对接深圳市优质知识产权服务机构等资源。

其次，华思旭针对N公司的案涉015专利提出无效宣告请求。据悉，在该"337调查"发起前，华思旭已于2020年5月在美国专利商标局专利审判与上诉委员会（PTAB）发起了针对N公司015专利无效（IPR）程序。11月3日，PTAB正式发布一则关于N公司015专利的裁定结果。经PTAB受理调查认定，N公司的015专利的稳定性不足，因而华思旭成功无效了N公司015专利共23条权利要求中的22条权利要求，迫使N公司撤回了在"337调查"中关于015专利的相关要求。想要无效掉N公司的015专利可不容易。PTAB官网显示，除华思旭对N公司提出的无效案件（IPR2020-00944）外，曾有企业针对N公司的015专利提出过4次无效宣告请求，但这几件无效案件均以PTAB未受理而告终。由于N公司的015专利被宣告无效，在2021年3月美国国际贸易委员会立案前，N公司就撤销了对66家企业的指控。此后，美国国际贸易委员会的调查仅涉及包括华思旭在内的44家企业，其中13家为中国企业。另外，华思旭将自身专利产品进行了新的规避设计，对涉及风险专利的产品或产品中的某些特征重新进行研发、设计，使其现有产品与风险专利存在显著性差异。

再次，华思旭联合民族企业共同应对"337调查"。华思旭邀请了本次"337调查"中涉案的13家中国企业组建汽车启动电源企业应诉联盟。华思旭发挥行业带头人的作用，推动行业间信息共享、互帮互助，共同应对"337调查"，帮助部分小微企业规避因人力、资金不足带来的知识产权风险。华思旭组织联合 13 家企业共同应诉主要是基于两方面的考量：一是华思旭秉承"客户至上"的经营理念。被诉 13 家企业中大部分都是华思旭的客户企业，面对"337 调查"这种涉及资产类的难题，为了保证客户的利益，华思旭必须带头组建企业应诉联盟。二是经过多次交易后，客户企业比较熟悉华思旭的产品细节，对产品的技术性问题达成了共识。虽然组织企业共同应诉会增加一定的律师费用，但总体支出的涨幅并不高。因此，华思旭与客户企业联手应诉可以大大提高应诉效果。

最后，华思旭花费重金聘请律师团队应诉。华思旭创始人雷云在 N 公司发起"337 调查"后，第一时间联系美国博钦律师事务所（Perkins Coie LLP）的律师艾兵（Bing Ai）与潘凯文（Kevin Patariu）开展合作，准备积极应诉。而华思旭在应诉的两年内共支出了数百万美元的律师与诉讼费用。

第四节 什么是专利规避设计

专利规避设计（Patent around design）是采用区别于侵权目标的技术方案，并实现相应的功能和效果以满足自身生产需要的策略。专利规避设计起源于美国的合法竞争行为，其目的在于从知识产权角度出发，避免与其他竞争对手的专利保护范围重叠以及避免专利权人提起专利诉讼。专利规避设计首先需要确定目标专利，其次是根据专利的权利要求书、说明书等文件明确专利的核心技术，最后是分析该技术存在的漏洞与不足，从而针对这些漏洞和不足进行技术改进与创新，实现对该专利的规避设计。[①]

企业进行专利规避设计时,可根据全面覆盖原则、等同原则、捐献原则与禁止反悔原则对技术方案进行删除、替换、合并与分解。删除式规避设计是指删除一个或以上的技术特征,将其功能转移到其余系统的其他部件中;替换式规避设计是指将某一技术特征用其他具有相同功能的技术特征替代,从而达到相同的技术效果;合并式规避设计是指通过组合替换一个或以上技术特征,且在技术效果上有所改善,不是原技术特征的简单叠加;分解式规避设计是指利用多个新的技术特征共同实现原专利要求中某一个特征所要实现的功能(表5-1)。若企业无法进行专利规避设计,可采取放弃该专利技术、寻求该专利技术的实施许可、购买该专利技术、对该专利提出无效宣告请求、开发外围技术等方式避免构成专利侵权。

表5-1 专利规避设计

专利规避方式	表达式	备注
删除	$A+B+C+D—A+B+C_1$	—
替换	$A+B+C+D—A+B+C_1+D_1$	$C \neq C_1$,$D \neq D_1$
合并	$A+B+C+D—A+B+E$	$C+D \neq E$
分解	$A+B+C+D—A+B+C_1+D_1+D_2$	$D \neq D_1+D_2$

[①] 刘尚,何春江,李岩. 基于权利要求分析的专利规避方法研究[J]. 齐齐哈尔大学学报(自然科学版),2018,34(4):61-64.

第五章
突围"337调查"困局，华思旭获终裁胜诉

第五节　旗开得胜

华思旭采取上述措施积极应对，为国内汽车应急启动电源同行开辟美国和其他海外市场铺平了道路，真正发挥了汽车锂电应急电源行业头部企业的作用。在法庭上，律师艾兵、潘凯文据理力争，提交证据充分证明N公司的专利与其产品不匹配，不满足美国国内产业标准。[①] 同时，华思旭方主张不侵权抗辩。分析N公司专利要求保护的技术范围，阐述己方产品的区别技术特征，并指出二者的实质性差别，进而证明华思旭的产品并未落入N公司专利的保护范围，被控侵权产品与N公司专利并不等同。经过激烈的庭上辩论抗争，最终美国国际贸易委员会法官于美国纽约当地时间2022年4月29日做出了初裁判决，宣判华思旭在美的若干汽车应急启动电源产品没有侵犯N公司024专利。另外，美国国际贸易委员会法官裁定原告N公司没有向ITC法庭提供法律要求的、符合关于美国国内产业标准特别规定的必要诉讼材料。至此，经过长达18个月的拉锯战，华思旭取得"337调查"的终裁胜诉。

关于企业如何应对"337调查"，创始人雷云的建议如下：第一，从源头重视企业研发。创新是企业发展的根本动力，如

[①] 在编号为337-TA-841的"337调查"中，美国国际贸易委员会首次改变政策，转而要求基于授权许可为主要经营手段的企业，在证明其达到国内产业标准时，必须证明其授权许可活动将产生使"受专利保护产品"实施和实际生产的结果，即现在专利授权企业也必须通过国内产业标准的技术部分要求。

果华思旭没有相关专利则无法打赢本次"337调查"之战。创新不能盲目"追风口",什么产品"火"就扑向哪里,寄希望于抓住"风口",从而"一飞冲天"的急功近利心态不可取,应当精耕细作于熟悉行业,静待时机。第二,在准备生产某一产品或进军某一行业前,一定要做好知识产权风险评估工作,包括对手企业的知识产权类型、数量等分析,还要分析自身产品是否能够在该行业中占据一定市场。同时,初创企业不能忽视知识产权布局,在专注于开发产品与积累客户的同时,需要重视知识产权。知识产权可以为创业产品提供法律保护,避免被抄袭后的束手无策。第三,企业在经营过程中,要积累一定的资金,以应对突如其来的骚扰或诉讼。华思旭作为中小型企业敢于花费重金(200万~600万美元)聘请专业律师应战"337调查"也是基于充足的资金流。第四,遇事不要慌张,须保持冷静。如果遇上"337调查",可以主动寻求专业机构或行业协会给予技术上的指导,也可以委托专业的律师积极应对"337调查"。华思旭作为深圳市进出口商会的会员企业,商会始终积极为华思旭在成功应对与N公司的知识产权纠纷过程中提供支持。

"337调查"案件取得初步胜利后,华思旭继而在加拿大、英国、德国包括中国国内法院分别对N公司展开了强有力的反击。据华思旭分析,N公司所拥有的专利不多,现能利用的专利也仅仅是2014年获取华思旭技术所申请专利的衍生物。但N公司已将这些专利在加拿大、德国、英国与澳洲等国家或地区进行专利布局,且这些专利在上述国家或地区均已生效。N公司利用这些专利在部分国家或地区向华思旭继续发起骚扰,华

第五章
突围"337调查"困局，华思旭获终裁胜诉

思旭也不断应诉与反击。

中国市场是华思旭的主场，华思旭针对N公司提起了专利诉讼，利用专利对N公司进行回击并取得成功。同时，华思旭也在英国对N公司提起了专利诉讼。2020年1—7月，N公司根据亚马逊平台的"侵权投诉表"向平台提起多起投诉。N公司认为华思旭旗下的ASIN系列产品侵犯了N公司在英国注册的专利号为××2527858的专利，并要求亚马逊平台下架华思旭的商品。2020年7月，N公司发起新一轮的投诉，并在投诉中附上了亚马逊律师针对华思旭律师的一封信，信中的内容显示，亚马逊的内部调查结论认为N公司的专利侵权指控存在充分依据，因此，亚马逊平台下架了华思旭的部分产品。华思旭随即向英国专利法院提起诉讼，要求宣告N公司的相关专利无效，并提起确认专利不侵权之诉。庭审过程中，法庭根据等效原则，认定华思旭带有特征功率FET开关的系列产品并没有侵权。同时，法庭通过引证3个实例为依据，认定N公司的专利相较于现有技术缺乏新创性。最终，2022年8月4日，英国高等法院法官对华思旭起诉N公司一案做出判决，宣告N公司的英国专利无效，华思旭带有特征功率FET开关的系列产品不侵权。另外，华思旭在德国也获得了胜利，德国法院一审已认定华思旭的Carku产品不侵犯N公司的德国专利。可见，基于现有案件，华思旭已对N公司进行了全面反击。唯一存在争议的是加拿大的案件，由于加拿大的庭审程序进展相对较慢，目前案件的审理正在进行中。

未来，华思旭打算如何应对N公司呢？华思旭知识产权负责人张晓峰表示，N公司善于利用专利武器带来的利益，华思旭接

下来的重点工作是防止 N 公司利用其他专利提起相关诉讼。另外，两年内急剧产生 3000 万~5000 万元的律师费用让华思旭不堪重负，为此，华思旭将进一步寻求各类基金以及保险业务的支持。不管是进攻还是防守，都需要有充足的技术实力和强大的后备资源。华思旭在海外的专利并不少，用以反击 N 公司绰绰有余，但何时发起进攻也需要一个恰当的时机，专利战一旦开启，伴随而来的将会是高昂的律师费用和旷日持久的拉锯战。华思旭在本轮诉讼结束后，可能将另寻合适的时机继续抗争。

第六节 一波未平一波又起

与 N 公司之间的拉锯战尚未结束，又有新的麻烦找上了华思旭。根据中国贸易救济信息的公告，2023 年 2 月 13 日，美国 N 公司向美国国际贸易委员会提出"337 调查"申请，主张对美出口、在美进口和在美销售的相关产品侵犯了其知识产权（美国注册号为 97709××、103288××、109814××、112542××、114470××的专利，以及商业外观侵权、商品来源虚假、虚假宣传和不公平竞争），请求美国 ITC 发布有限排除令、禁止令。4 月 12 日，美国国际贸易委员会投票决定对特定便携式启动电池及其组件（Ⅱ）(Certain Portable Battery Jump Starters and Components Thereof (Ⅱ))启动"337 调查"（调查编码：337-TA-1359），华思旭再一次出现在已确定的被调查公司名单中。未来华思旭将如何应对该"337 调查"，我们拭目以待。

总而言之，华思旭在此次"337 调查"中的胜利，保障了整个行业的健康发展，深刻展示了知识产权战略规划布局对企业长远发展产生的深远影响，体现了以华思旭为代表的中国企业的科研实力与应对国际知识产权纠纷的能力大幅提升，彰显了中国企业坚决维护自主知识产权的决心与努力。

第七节　知识点总结

1. "337调查"的具体程序

"337调查"的具体程序包括以下12项内容[①]：

（1）提出申请。美国国际贸易委员会可根据申诉方的申请发起"337调查"，也可根据所调查的事实自行发起"337调查"，但大多数案件是由申诉方申请发起"337调查"。申诉方须提交证明所指控产品违反"337条款"的申诉书（证据），并就申诉书陈述的内容进行宣誓。申诉方所提交的调查申请应当以书面方式提交至ITC秘书处。申诉书内容须包含事实陈述、证据、诉讼请求、适用的法律法规等。事实陈述包括被诉方名称和地址、陈述事实和理由、相关的证据。如果涉及知识产权，必须提供知识产权方面的资料，包括对涉案知识产权的描述；对涉嫌侵权的进口产品的描述；涉嫌侵权产品的生产商、进口商或经销商的相关信息；涉案知识产权正在进行的其他法院诉讼或知识产权程序；国内产业情况及原告在该产业中的利益等。证据包括侵权或违反公平贸易的证据。诉讼请求包括申诉方向

---

① 闵森. 美国"337调查"的法律程序［J］. 中外企业文化，2019（1）：42-44.

ITC申请给予何种保护措施。证据提交及听证程序由ITC实施细则、程序条例及美国行政法条例规定，同时，申诉方也可以在起诉前向ITC下设的不公平进口调查办公室咨询，并对起诉状进行预审，在申诉书内容确定后向ITC提交正式申诉书。

（2）立案调查。美国国际贸易委员会应在收到申诉方的申请后30日内决定是否立案。如果申诉方在提交申请书时也同时提交了发布临时禁令的申请，ITC将在收到申诉方的申请后35日内决定是否立案。申诉方也可以申请ITC延期立案。ITC决定立案后，将在《联邦公报》（*Federal Register*）中登载原告和起诉事项，并向每位被告送达申请书和调查通知。同时，ITC会将申诉书送至美国健康和人权服务部、美国司法部、联邦贸易委员会、美国海关等机构或部门。立案后，ITC将指定一名行政法官负责案件调查。另外，考虑到公共利益，ITC还将指定一名政府律师代表公共利益。ITC还将在立案后的45日内确定结束调查的目标日期，一般为12个月，较为复杂的案件可以延期6个月，即18个月结束。

（3）被诉方答辩。被诉方应在收到诉状后20日内提交书面答辩意见。如果申诉方同时还申请了临时禁令，那么被诉方还必须在通知送达之日起10日或20日内提交针对临时禁令的答辩。答辩状应当详细说明，最好提交被控产品并未侵权的分析报告。若被诉方未能在规定时间内提交答辩，则被视为放弃出庭权及对指控的抗辩权。若被诉方不应诉（缺席），ITC将认定申诉方的申请成立，从而对申诉方实施各种救济措施。

（4）反诉。在行政法官初裁阶段，被诉方须在送达诉状之日起20日内提交反诉书。如果申请方同时还申请了临时禁令，被诉方须在送达诉状之日起 10 日内或 20 日内（案件复杂）提交针对临时禁令的反诉意见书。反诉书的内容包括被诉方签名的宣誓词、律师、代理人以及申诉方的姓名、地址、电话等。被诉方必须对申诉书中的指控一一从实际出发作答，并要有证据支持。对于专利侵权方面的指控一般采用辩驳方式，需要说明该产品不受此专利保护或此专利不具有合法性，并提供相关的证据支持。

（5）披露。即当事人获得信息、搜集证据的过程。披露属于审理的前置程序，由法官主持进行，目的是提高正式审理的效率。若当事人认为待披露的文件（如通信记录或者会议记录文件、专利分析报告、申请请求的分析文件、证明侵权或不侵权的分析报告、数据、研究报告等）中可能含有己方商业秘密，可以在调查开始前向 ITC 提交含有商业秘密的文件清单，在获得准许之后，相关文件可以不予披露。若未按要求在 10 日内进行披露，ITC 可予以制裁。

（6）预审会晤。预审会晤属于正式听证会之前的准备程序，可进行多次。预审会晤的目的在于简化与明确争议点和诉讼请求，确保需要听证的范围，对证据或事实、文件的真实性予以确认，进行证据的互换等。

（7）证据提交鉴定人。在听证会开始的 1 个月，双方当事人须通过行政法官向对方当事人提交其证据副本，并提交抗辩的相关证据。如果对证据存在疑问或认为不应采纳，应立即提出。法官或当事人均可要求鉴定人参加听证会，鉴定人需要针对案件提出自己的意见。

（8）听证会。听证会属于审理程序，当事人提出证据、质询、辩论。不公平进口调查办公室作为第三人参加听证会，行政法官主持召开听证会，全面听取双方当事人的质证与答辩意见。申诉方应证明被诉方的行为违反了相关的法律。各方当事人均有通知、询问、提供证据、反对、动议、辩论等权利。听证会一般持续1~2周。听证会结束后，当事人须重新向法庭提交所有证据以及辩护词，作为诉讼记录使用。

（9）初裁。根据各方证据与听证会，行政法官应就被诉方是否违反"337条款"作出初步裁定。如果确定存在"337条款"规定的不公平行为或不公平竞争方法，行政法官将在提交初裁后14日内应对救济措施或保证金作出推荐性裁定，并将该裁定连同相关建议递交给ITC。如果立案后确定的最终目标日期为15个月或少于15个月，行政法官则应在目标日期前3个月之前作出初裁；如果确定的目标日期为15个月以上，则应在目标日期前4个月之前作出初裁。

（10）终裁。初裁作出后，ITC可就当事人的申请或主动要求对初裁进行复审，并于初裁作出后90日内决定是否进行复审。根据ITC的规则，当事人如果认为行政法官的初步裁决存在以下情形之一的，就可以向ITC申请复审：存在对重要事实的明显错误认定；存在错误的法律结论；影响了ITC的政策。在初裁送达后45日内（临时救济为20日内，复杂案件临时救济为30日内），ITC将根据复审申请或主动决定是否复审初裁的部分或全部内容。如果ITC决定不复审，初裁在报送ITC的45日后自动成为ITC的终裁；如果ITC决定复审，则会在通知中明确指出对哪些争议点进行复审，复审的结果可以是维持原裁定、撤销原裁定、修改原裁定部分或全部内容、驳回或发回重审。

（11）总统审查。ITC认定侵权存在，或在调查过程中有理由相信侵权存在的情况下，应将该决定及拟采取的救济措施公告于《联邦公报》，并将其副本送交总统审查。总统可在60日内以政策理由否决这些决定，但此种情况极少出现。如果总统在60日内出于政策考虑否决了ITC的裁定，则此前的通知、裁定和措施自此无效，调查案件至此终结，不服者不得上诉；如果总统在60日内未否决或表明其支持ITC裁定，则ITC的裁定在60日满或总统表明其支持ITC的裁定之日成为最终裁定，不服者可以上诉。

（12）司法审查。如果总统在60日内未否决ITC的裁定，那么对最终裁定不服者可在此后的60日内提出上诉。上诉应先向联邦巡回法院提出，ITC为被上诉人，在ITC裁决中胜诉的一方当事人可以参加上诉程序，以便为ITC的裁定辩护。

2. 中国企业如何应对"337调查"？

随着我国企业不断拓展国际市场，遭遇美国"337调查"等国际知识产权纠纷的现象也越来越多，华思旭的案件对于中国企业而言并不是个例。据中华人民共和国商务部应对贸易摩擦337工作站统计，2019—2021年，中企参与"337调查"的应诉率分别是78%、85%与89%；而2022年前11个月，中企应诉率达到94%。随着"337调查"应诉率不断提高，中企的海外应诉态度正在逐渐转变，法律意识也不断增强，但仍有不足之处。关于中企应对"337调查"的措施，广东省海外知识产权保护专家委员会专家曾旻辉律师表示，从诉讼的角度而言，企业不能按照国内诉讼的思维方式看待"337调查"。企业在遭遇"337调查"后，需要从商业的角度去考量。

第一，权衡是否应诉。应诉与否主要关乎成本利益分析与企业的发展战略。如果应诉成本大于能从该市场获得的利益，或是对于该企业而言美国的市场份额较小，且之后亦没有发展的计划即没有发展成为重要市场的潜能，企业则须慎重权衡是否应诉。

第二，建立应诉团队。建议聘请既了解"337调查"程序，又熟悉中美知识产权差异的专业律师代理企业参与"337调查"的应诉工作，这样有助于确定有效的应诉策略，全面保护企业的合法权益。然而，国外的律师费用较高，华思旭的整个案件花费3000多万元。对于一个中小型企业而言，过千万元的诉讼费用负担较重。且国外诉讼与中国诉讼在实体问题与程序性问题等方面存在较大差别，因此，如何选择一个合适的律师事务所就变得尤为重要。挑选律师事务所也是一项精细的工作，不仅需要花费大量的时间、金钱成本，还需要确认具体经办的律师是否有"337调查"的应对经验。同时，还需要一定的沟通成本，包括确定该律师的应对策略是否符合企业的目标。一个"337调查"案件中可以有多个被告，如此次"337调查"中最后筛选出的44个中国企业，尤其是被告与被告之间可能还有相关利益的冲突，就会出现不同利益集团作为被告应诉"337调查"的情形。如果被告之间没有联合应诉、各自为营，那么各企业则须独自选择律师事务所，而律师事务所的应诉策略对整个应诉过程十分重要。对于中国的中小型企业而言，在没有法务熟悉国外诉讼的情形下，依托中国律师事务所筛选国外律师事务所，或是与国外律师事务所配合共同完成"337调查"的应诉也不失为一种可行的方式。"337调查"所涉大部分为专利侵权的案件，必然会涉及专利稳定性以及是否侵权的问题，其中大部分工作可以交由中国有经验的律师负责，而中国律师参与案件的一大好处是可以减少国外律师的工作时间，相应地减轻中国企业应诉的经济负担，同时也降低企业的试错成本。

第三，选定抗辩理由与应诉策略。根据华为胜诉"337调查"案件（337-TA-800），企业可以运用多种抗辩策略积极应诉，包括无效抗辩（Invalidity）、不侵权抗辩（Non-Infringement）、申请人不存在国内产业（Lack of Domestic Industry）、不可实施性、专利申请历史懈怠、违反 RAND 或 FRAND 的专利滥用、明确许可或默示许可（Express or Implied License）、不洁之手（Unclean Hands）、违反 SSO 等合同披露义务（Breach of Contract）、公平和承诺禁止反言（Equitable and Promissory Estoppel）等。[①] 关于应诉策略，企业可以采取联合应诉、和解、规避设计等策略，以最小的成本和风险最有效地保护自身利益。

3. 对外贸易企业应当注意哪些方面？

首先，企业需要有自己的研发，自主研发、自主创新是关键。知识产权保护制度作为国家创新体系的中心制度之一，在施行创新驱动发展战略进程中发挥核心支柱作用，是一个企业

---

① 魏雅丽. 从华为胜诉 337 案看美国"337 调查"的应对策略［J］. 江苏商论，2022（5）：37-39.

乃至一个国家提升核心竞争力和可持续发展的重要战略资源。[①] 无论采用何种方式应对"337调查",最关键的是企业必须拥有足够的知识产权。没有知识产权,一切则无从谈起。华思旭之所以能够胜诉,关键在于华思旭自成立以来一直坚持自主研发,其产品具有自主知识产权。华思旭从创立之初便高度重视知识产权,决定了以自主研发创新为核心竞争力的经营方针,依托资深科研专家团队成员60余名,而华思旭的研发团队来自美国的加利福尼亚大学、斯坦福大学,我国的香港科技大学、北京大学、中国科技大学等知名学府。华思旭一直坚持自主研发并对汽车应急启动电池专利进行全球化布局,拥有汽车应急启动电池产品的专利池,获得专利超过400项。拥有大量的专利以及拥有自主创新能力极强的研发团队也是华思旭在本次"337调查"中取得胜利最重要的资本。自身的技术过硬,尊重知识产权,才能从根本上避免侵权诉讼,或是在面对诉讼时也能有理、有力、有节。另外,企业在对外销售的过程中,知识产权风险较大,且成本较高。华思旭从早期便开始创建研发团队,在研发汽车应急启动电池01款(Carku)的整个过程中付出了相当大的努力,但与N公司在合作交流中的防范意识不够,导致N公司顺利窃取华思旭的知识产权成果。因此,企业自身知识产权的保护就显得十分重要。

其次,在市场竞争过程中,企业领导人需要具备一定的风险意识。当企业在单一市场中的市场占有率较大,如超过10%

[①] 吴汉东.《民法典》知识产权制度的学理阐释与规范适用[J]. 法律科学(西北政法大学学报),2022,40(1):18-32.

或是在当地的销售额达到 1000 万美元以上时,与其他同行打交道的过程中就必须提高风险防范意识。在对外贸易过程中,当企业领导人意识到危险时,必须做一些准备工作。例如,华思旭在"337 调查"之前,曾委托律师团队进行 FTO 分析。[①] 因此,华思旭大致了解自身专利情况,包括哪些专利可能侵权、哪些专利可以进一步改造等。且华思旭在发起"337 调查"时,大部分基础工作已完成,促使华思旭在做出决策时可以更为果断,不会拖泥带水。最后,对于外贸企业而言,需要将资金留一部分作为备用金。"337 调查"的周期一般是 16~18 个月结束,足够的现金流亦是企业应诉的底气。华思旭除了遭遇"337 调查",还面临着各国的诉讼。各种不同的诉讼加起来是一笔不菲的费用,对于企业的资金压力较大。如果有必要进行反诉却没有充足的资金,则可能错失维护企业权益的好时机。

4. 对于企业海外知识产权工作,有什么建议?

一方面,企业需要做好知识产权布局工作。企业海外知识产权布局的工作流程,一般包括调研、制定布局方案、落地执行、维护与更新等环节。[②] 调研环节的主要目的在于梳理企业的知识产权,了解企业的主营业务、核心技术、市场份额等,还需要了解竞争对手的知识产权布局情况。在充分调研后,便可根据企业的实际情况制定具体的布局方案。关于布局方案的落

[①] FTO(Freedom to Operate)是指在不侵犯他人专利权的情况下,企业对技术自由地进行使用和开发,并将利用该技术生产的产品或服务投入市场。

[②] 周才淇. 中国企业的海外知识产权布局与风险防范策略[EB/OL].(2023-06-26)[2023-11-17]. https://mp.weixin.qq.com/s/kVaUxLkk75jSdRJGzE4TgA.

地执行，往往相同的布局会有不同的落地执行方案。例如，申请海外专利的过程中，可以基于《巴黎公约》直接申请目标国家的专利，也可以依据《专利合作条约》提交PCT国际专利申请，而后基于该申请进入具体的国家，两种途径所需费用、时间存在差异。同样地，商标、外观设计专利既可直接到目标的国家提交申请，也可通过马德里体系、海牙体系等进行申请。布局的维护与更新环节主要是及时清理废弃专利、商标等知识产权以及进一步开发专利技术，为企业节省年费等支出。另一方面，企业要善于利用海外资源。建议企业多参与海外知识产权保护主题类的系列活动，借助活动接触海外资源，如海外不同律师事务所的风格、海外知名律师等，以便在应对海外知识产权纠纷时能够快速选择合作伙伴。

06 第六章
知识产权鉴定所：
做公平正义的守护者

知识产权司法鉴定为知识产权保护提供强有力的技术支撑，是知识产权严保护的重要手段之一。为贯彻落实中共中央、国务院印发的《知识产权强国建设纲要（2021—2035年）》和中共中央办公厅、国务院办公厅印发的《关于强化知识产权保护的意见》，推动建立完善知识产权侵权纠纷鉴定工作体系，提升知识产权鉴定质量和公信力，广东省知识产权保护中心鉴定所坚持高质量发展与规范化管理相结合，坚持理论研究与实践探索相结合，着力构建知识产权鉴定工作机制、健全鉴定管理体系、强化内部监督管理，不断扩大知识产权鉴定技术领域覆盖范围，全面推进知识产权鉴定所专业化、规范化建设，充分发挥知识产权鉴定在强化知识产权全链条保护工作中的作用，为构建知识产权大保护工作格局，促进全面加强知识产权保护提供强有力的技术支撑。

第一节　广东省知识产权保护中心鉴定所

广东省知识产权保护中心下设知识产权鉴定所，其于2004年经广东省司法厅核准设立，原名为广东省专利信息中心知识产权司法鉴定所，2018年机构改革后，随原单位整体并入广东省知识产权保护中心。广东省知识产权保护中心鉴定所（以下简称保护中心鉴定所）是广东省内首家获司法部门批准设立的知识产权鉴定机构，是全国首批通过知识产权鉴定管理体系认证的专业鉴定机构，入册司法部"国家司法鉴定名录网"、最高人民法院"人民诉讼资产网"、国家知识产权局"知识产权专业鉴定机构名录"以及中国知识产权研究会"知识产权鉴定专业机构名录"。保护中心鉴定所面向全国接受司法机关、行政执法部门、企事业单位的委托，开展知识产权鉴定和电子数据司法鉴定，解答与鉴定有关的咨询。其中，知识产权鉴定包括专利、商标、商业秘密、著作权、地理标志、集成电路布图设计等涉及知识产权纠纷中的专门性问题；电子数据司法鉴定包括电子数据恢复、电子数据获取、电子数据存在性鉴定、电子数据真实性鉴定、电子数据功能性鉴定与电子数据相似性鉴定。

围绕"领跑广东　服务湾区　辐射全国"的发展目标，保护中心鉴定所制定了质量管理体系，改善鉴定条件，提高鉴定水平，规范执业行为。一是按照"正规化、专业化、职业化"要求，坚持以质量管理为核心，以资质管理为基础，建立和完善鉴定质量管理体系,推进实验室认证认可,通过能力验证、实验室间比对以及实验室内比对三种方式进行质量控制,着力提升鉴定所的鉴定质量和公信力,有效推动鉴定业务健康、有序、高质量发展。二是以打造综合性知识产权鉴定中心为目标,完成了高标准、高配置、现代化的鉴定实验室建设(图6-1)。该鉴定实验室以电子数据取证分析为主,解决当前知识产权纠纷案件的涉案电子证据"认证难、采信难"问题。实验室共分为受理预检区、综合检验区(获取、解密、鉴定)、手机取证区等8个区域。三是以"聚焦主责服务全局"为目标,成功申报了电子数据司法鉴定资质,解决当前知识产权纠纷案件的涉案电子证据"取证难"问题。

图6-1 保护中心鉴定所实验室

保护中心鉴定所的专家团队由来自高校、科研院所、知识产权系统等拥有丰富的知识产权理论、技术背景以及庭审持证经验的专家组成,较全面地覆盖了各个技术领域,确保鉴定意见的针对性和科学性(图6-2)。同时,广东省知识产权专家库、广东省知识产权维权援助专家库、广东省知识产权公共信息综合服务平台等数据库资源，也为保护中心鉴定所的工作提供了强有力支撑。

图 6-2 保护中心鉴定所专家组研讨案情

保护中心鉴定所累计完成了近千件鉴定任务，出具的鉴定意见全部被司法或行政执法部门采信。多起具有社会影响力，并入选国家、省、市各级各类审判机关、执法机关发布的知识产权侵权典型案例。包括：2023 年，由保护中心鉴定所完成技术鉴定的"皮某某侵犯商业秘密案"成功入选广东省高院知识产权刑事典型案例第三案；由保护中心鉴定所完成技术鉴定的"欧米克案"入选最高人民检察院 2022 年知识产权检察十大案例、厦门法院 2022 年度十大知识产权典型案例及 2022 年度厦门市打击侵权假冒典型案例。此前，最高人民检察院《2015 年度检察机关保护知识产权十大典型案例》首案、2016 年《广东省工商与市场监管部门典型案例选编》首案等均由保护中心鉴定所提供鉴定服务。本章中"看不见的对手"即是以"皮某某侵犯商业秘密案"与"欧米克案"为原型改编的。

第二节　知识产权鉴定是什么

知识产权鉴定主要是知识产权司法鉴定,是指具备知识产权鉴定资格的鉴定机构和鉴定人受司法机关或当事人委托,根据技术专家对本领域公知技术及相关专业技术的了解,并运用必要的检测、化验、分析等手段,对被侵权的技术与相关技术的特征是否相同或等同进行认定。

知识产权具有较强的技术性,技术类案件中技术问题与法律问题更是相互交织。[①] 知识产权鉴定的特点包括:(1)法律性与技术性高度统一。知识产权案件中事实与法律问题的界限并不是泾渭分明的,鉴定事项的错误将直接导致鉴定结果的无效。司法实践中,几乎不存在绝对相同的两个技术方案,"相同"、"相似"与"等同"等词的概念相对模糊,需要具备一定的标准予以衡量,而该评价标准正是专利审查的依据或是司法机关的审判标准。因此,知识产权司法鉴定实质是法律性与技术性高度融合的技术事实查明方式。(2)涉及领域广。知识产权司法鉴定所涉技术领域宽泛。从学科的角度看,知识产权司法鉴定涉及物理、化学、生物、机械、电气等专业;从行业的角度看,知识产权司法鉴定涉及制药业、化工业等,几乎涵盖我国所有行业。(3)影响知识产权纠纷处理结果。在大多数知识产权纠纷中,知识产权司法鉴定所要解决的问题往往是案件的核

---

① 马一德. 知识产权司法现代化演进下的知识产权法院体系建设 [J]. 法律适用, 2019 (3):39-50.

心问题。在（2019）最高法知民终421号美高文体诉赵志勇案中，案件的争议焦点在于：被控侵权产品是否落入涉案专利保护的范围。法院认为，是否落入专利保护范围应当由人民法院作出判定，属于法律适用问题。鉴定机构的勘验内容在没有相反证据推翻的情况下，可以用于确定被诉侵权产品的技术特征。由此可见，法院对于鉴定机构所出具的对技术特征的鉴定意见一般持肯定态度。但在关于是否落入保护范围这类法律适用问题上，法院不会直接使用司法鉴定的结论，而是在没有相反证据推翻的情况下，可能会使用鉴定意见中认定的部分技术事实，用于确定技术特征。

第三节　看不见的对手

吴浩天原是明月装备公司技术部的副总监①，公司的陈老板曾许诺，如果上半年技术部所研发的新产品销量能翻番，那么技术部总监的职位非他莫属。吴浩天非常高兴，将升职加薪的喜悦转化为投入产品研发工作的无限热情，殊不知这只是老板画的一张"大饼"。在技术部的努力下，明月装备公司上半年的整体业绩大幅上涨，其研发的新产品在市场上大受欢迎。在庆功会之前，众人均向吴浩天道贺，认为他升任技术部总经理已是板上钉钉的事情。然而，当陈老板出现在庆功会并当众宣布技术部新总监的人选后，众人哗然，吴浩天听罢愤然离去，原

---

① 本节故事所涉及的人名与公司名称均为化名。

第六章
知识产权鉴定所：做公平正义的守护者

本属于吴浩天的总监职位被空降的关系户顶替。大学毕业后，吴浩天就职于明月装备公司做技术工作，稳扎稳打、恪尽职守，从一名基层技术员成长至如今的副总监，眼看着总监的职位唾手可得，却在最后关头输给了关系户。吴浩天内心暗暗发誓，要独自掌握命运。一次偶然的机会，吴浩天认识了一位猎头朋友，猎头向吴浩天推荐了一家同行企业，且该企业的老板愿意以高薪聘请他。几番接触下来，吴浩天渐渐心动，最终选择跳槽至新企业。入职三个月后，新公司的销售额毫无起色，产品迭代缓慢。新公司的老板向吴浩天下达了"最后通牒"，要在一个月后看到产品升级的成效。与此同时，猎头也加入劝说的行列中，试图说服吴浩天在新产品中应用原企业的技术。夜里，吴浩天辗转反侧，新老板的口头警告、猎头朋友的劝说不断在脑海中浮现，最终吴浩天下定决心，打开了角落里封尘已久的箱子。

一个月后，明月装备公司的销售额出现下滑的现象。同时，市场上出现了一家对手企业，其产品不仅与明月装备公司的相同，而且产品的售价降低了30%，老客户纷纷转向对手企业。销售部立即将情况反馈给陈老板，陈老板心中顿时便有了怀疑的人选。陈老板第一时间让助理购买竞争对手的产品，交由技术部进行研究。经过技术部的分析，发现对手的产品与明月装备公司的相同，尤其是核心技术部分，如产品的参数等。陈老板随即让助理核实员工入职所签署的保密协议以及离职所签署的竞业限制协议，并直接报警。很快，警察与鉴定取证人员便找上吴浩天进行调查取证。但吴浩天与其所在公司并没有悬崖勒马，而是迅速找了一家第三方鉴定机构，准备反击。

庭审现场，明月装备公司的代理人认为，吴浩天作为明月装备公司原技术部副经理，在职期间利用职务之便，将明月装备公司核心产品的生产工艺技术信息私自上传至个人网盘、优盘等存储介质，并在离职后半年内用该技术信息在新公司生产同类型产品，严重侵犯了明月装备公司的商业秘密。而吴浩天及其公司的代理人利用现有技术抗辩，认为吴浩天在新公司生产的同类型产品所利用的技术是该工艺在行业内普遍存在并大量使用的技术，并对该鉴定结果提出异议。随后，鉴定机构的鉴定人员出庭接受质证。最终，法院认为，吴浩天明知员工对明月装备公司的生产工艺技术信息负有保密义务，仍利用职务之便以不正当手段获取该技术信息，并在离职加入新公司后使用该技术秘密生产相同产品投入市场，违法所得数额巨大，造成特别严重的后果，侵犯了明月装备公司的商业秘密。最终，法院以侵犯商业秘密罪依法判处吴浩天有期徒刑六年，并处罚金500万元。

第四节　皮某某侵犯商业秘密案

企业员工在离职后"另起炉灶"成立新公司，通过不正当手段获取原企业的技术秘密，以此制造、销售同类产品牟取暴利是否构成犯罪？2023年1月3日，广东省高级人民法院发布了知识产权刑事典型案例，其中第三案为《皮某某侵犯商业秘密案——严惩离职员工侵犯原企业技术秘密的犯罪》。

【基本案情】2001年10月，日本牛尾电机株式会社的子公司香港牛尾公司在广州成立牛尾电机厂,主要生产"水银投影灯芯"产品。2005年6月至2012年8月,被告人皮某某利用担任牛尾电机厂制造部、品质部经理等职务便利,以不正当手段获取该厂"水银投影灯芯"的生产工艺技术信息。2015年,皮某某离职后成立莱拓浦公司,生产、销售与牛尾电机厂"水银投影灯芯"相同的产品。2020年12月8日,公安机关在莱拓浦公司查获灯芯成品、半成品、生产设备等,现场扣押皮某某的笔记本电脑,硬盘中存有大量与牛尾电机厂"水银投影灯芯"的各项关键生产工艺信息相同或实质相同的技术信息。经审计,2015年4月至2020年3月,香港牛尾向日本牛尾支付相关产品的委托费共计1.4亿余元;牛尾电机厂支付给广州牛尾业务费用共计3600余万元,相关产品的技术指导费共计1900余万元;2017年1月至2019年12月,莱拓浦公司销售同类型产品429737个,按该公司销售毛利计,侵权产品毛利共7400余万元。

【裁判结果】广州市白云区人民法院经审理认为,牛尾电机厂的"水银投影灯芯"生产工艺信息经鉴定属于不为公众所知悉的技术信息,且牛尾电机厂对该技术秘密采取了必要的保密措施。被告人皮某某明知员工对公司的生产工艺技术信息有保密义务,仍利用职务之便以不正当手段获取该技术信息,离职后成立莱拓浦公司,使用该技术秘密生产相同产品投入市场,违法所得数额特别巨大,造成特别严重后果,遂以侵犯商业秘密罪判处皮某某有期徒刑六年,并处罚金500万元。广州市中级人民法院二审维持原判。

【典型意义】本案是依法严惩侵犯商业秘密犯罪的典型案例。被告人皮某某利用职务之便获取巨额利润且拒不认罪、悔罪，被从重追究刑事责任，彰显了人民法院严格保护知识产权的鲜明司法态度。

【保护中心鉴定所"说鉴定"】本次案件被告采用了公知技术进行抗辩。被告向法院提出了中、日、英等多语种共47篇文献及三百多页的补充证据，试图证明牛尾电机厂的"水银投影灯芯"的生产工艺信息已被公开披露。

为充分保障案件当事人对鉴定意见提出异议的权利，法院通知保护中心鉴定所负责此次鉴定的鉴定人员出庭接受质证。接到通知后，鉴定所针对被告人提出的所有文献资料及补充证据进行了系统的梳理，在查阅了大量中外文献资料的基础上，明确了每一篇文献的主题内容及该内容与牛尾电机厂"水银投影灯芯"生产工艺信息的差异，证实了被告人提出的文献资料及补充证据与保护中心鉴定所鉴定的牛尾电机厂"水银投影灯芯"的生产工艺信息不同或无关，同时，将材料以书面形式提交给公安机关、检察院及法院，并组织相关鉴定人出庭。经过现场持证，最终法院采信了保护中心鉴定所的鉴定结论。

本次鉴定意见能够顺利通过法庭质证并被法院采信，离不开有效的鉴定检材。从材料中可以发现，权利人拥有较为完善的商业秘密管理制度，对自身的商业秘密采取了严格的保密措施。同时，权利人在主张自身秘密点的过程中，清晰明确核心工艺和细节，善于总结技术要点，对整个鉴定过程的推进起到了关键作用。通过这一事件可以看出，权利人的某些经营或技术信息要作为法律意义上的商业秘密获得法律保护，这些信息必然要具备法定的要件，即秘密性、实用性和保密性。因此，权利人在知悉自身商业秘密被侵犯后，证明其已经对所主张的商业秘密采取相应的保密措施,再通过合理的取证和有效证据材料的准备,是维护自身权益的最佳方式。

第五节 廖某某等人侵犯商业秘密案

历时四年自主研发的技术遭泄露,损失金额如何精准认定？2022 年知识产权检察十大案事例第八案、2022 年福建法院知识产权司法保护十大案例第三案——廖某某、詹某与上海悦苏资产管理有限公司侵犯商业秘密罪系列三案给出了答案。以合理许可费评估值确定损失数额,妥善破解侵犯商业秘密罪定罪量刑数额认定难题；厘清单位犯罪与个人犯罪界限,精准打击商业秘密侵权犯罪行为。(来源：最高人民检察院、厦门中院)

【基本案情】厦门某生物科技有限公司系国家高新技术企业,主要从事合成生物学、绿色化学等领域的高新技术研发与应用,经自主研发形成了工业自动化制备某天然级香料的工艺路线。公司对该生产工艺路线技术信息采取了制定保密制度等一系列保密措施。廖某某于 2017 年至 2019 年 3 月 8 日就职于该公司,负责设备采购的验收及资料整理,与公司签订了《劳动合同》及《保密协议》。

上海某资产管理有限公司主要从事化工领域的私募基金投资管理,为从事化工领域的实业公司提供投资咨询服务。詹某系该公司法定代表人,程某、吴某系公司行业分析研究员。2018 年年底,詹某为了考察投资项目,指派程某、吴某与廖某某见面接洽。2019 年 3 月初,在获悉廖某某离职前从原任职公司获取了大量技术资料后，经双方商谈，廖某某将其窃取的上述技术信息以存储于 U 盘等方式交给程某、吴某，后转交给詹某，詹某分四次转账给廖某某共计人民币 8.2 万元。此后，詹某继续指使吴某、程某，意图以金钱利诱的方式从公司其他人员处获取技术信息，因遭拒绝而未果。2019 年 4 月，詹某指派吴某前往无锡某工程公司，意图委托该公司生产被害单位独有的非标准设备，因开价过高而未果。2019 年 5 月，经无锡工程公司转告，被害单位发现其商业秘密被窃取及非法泄露的事实，遂向厦门市公安局海沧分局报案。

经鉴定，该生物技术公司天然香料生产工艺技术信息属于"不为公众所知悉的技术信息"。廖某某笔记本电脑及百度网盘、程某笔记本电脑中，均存在与上述"不为公众所知悉的技术信息"相对应的资料，大部分内容相同或实质相同。经评估，涉案商业秘密专有技术普通许可使用权评估值为 858.99 万元。

【裁判结果】该案历经一审、发回重审一审、二审。2022 年 4 月，廖某某、程某、吴某、詹某分别被判处二年至三年不等有期徒刑，各并处罚金；被告单位被判处罚金 50 万元。

【典型意义】该案件系最高人民法院、最高人民检察院《关于办理侵犯知识产权刑事案件具体应用法律若干问题的解释（三）》施行后，福建省首例以合理许可费评估值确定损失数额，并据此定罪量刑的案件。侵犯商业秘密罪系数额犯，侵犯商业秘密行为是否给商业秘密的权利人造成重大损失以及损失数额系认定是否构罪以及罪轻、罪重的要件。尚未披露、使用或者允许他人使用的商业秘密损失数额如何确定是审判难点。法院通过对评估报告形式和实质要件多维度审查，并参考生产工艺相近似的技术信息许可使用费等证据,以专业评估机构出具的案涉技术信息合理许可使用费评估价值确定被告人行为造成的损失数额,妥善破解商业秘密刑事司法保护领域定罪量刑上证据认定难题,具有引领和借鉴意义。

【保护中心鉴定所"说鉴定"】商业秘密的鉴定分为非公知性鉴定和同一性鉴定两个部分。首先,通过非公知性鉴定确定涉案技术信息是否属于"不为公众所知悉";其次,将权利人"不为公众所知悉"的技术信息与疑似侵权技术信息开展同一性鉴定。由此可见,技术信息是否"不为公众所知悉"是商业秘密成立的重要构成要件,也是公安机关是否刑事立案的关键。因此,鉴定机构受理商业秘密非公知性鉴定后,应严格审查委托方提供的鉴定材料,提醒委托方确保鉴定材料的合法性及完整性,委托方应配合鉴定机构及时补充相关材料,避免因鉴定材料存在问题而导致鉴定意见不被法院采信的情况。

第六节 商业秘密是什么

我国《反不正当竞争法》第9条第4款规定:"本法所称的商业秘密,是指不为公众所知悉、具有商业价值并经权利人采取相应保密措施的技术信息、经营信息等商业信息。"商业秘密兼具私用和公用双重属性,良好的商业秘密保护制度是激发企业创新积极性与保障创新信息在产业中合理运用的集合体。① 一

---

① 刘孔中,李文博. 论商业秘密保护及其过度保护的问题 [J]. 知识产权, 2022 (5): 74-90.

般认为,一项技术信息或经营信息作为商业秘密,必须满足秘密性、保密性与实用价值性这三大构成要件。

第一,秘密性。秘密性又称新颖性,是指某项技术信息或经营信息"不为公众所知悉"(非公知性),且长期处于保密状态,不对外公布。具体包括三大内容:①商业秘密应当具备最低程度的新颖性。没有任何新颖性的技术信息或经营信息,即使公开,也没有必要利用法律手段对其进行保护。不同于专利权、商标权"以公开换保护"的基本理念,商业秘密一旦被公开,其所蕴含的经济价值将会大大降低。因此,秘密性是商业秘密的最基本特征。②"不为公众所知悉"中的"公众"应当理解为相关公众、同行竞争者等,而非一般意义上的社会大众。"公众"可以理解为与权利人从事相同或近似行业的相关公众、同行竞争者等,或是预备进入相同或近似行业发展且有相当大的概率能从该商业秘密中获得利益的人。例如,本案中皮某某新设立的莱拓浦公司与牛尾电机厂为同行竞争关系。③商业秘密并非处于完全保密状态。主要是指商业秘密经权利人采取了一定的保密措施,从而使一般人不能轻易地从公开渠道直接获取,保密性强调权利人的保密行为,而不是保密的结果。商业秘密并非绝对保密,企业的保密工作无法做到与军队的保密程度相一致。

第二,保密性。保密性要求权利人所采取的保密措施与技术信息、经营信息的经济价值相匹配。在司法实践中,是否采取保密措施、保密措施是否合理等应由人民法院根据权利人主观的保密意愿、客观的保密措施、他人通过正当途径获得信息的难易程度等进行综合判断。例如,"皮某某侵犯商业秘密案"

中，为避免其"水银投影灯芯"的生产工艺技术信息泄露，牛尾电机厂采取员工保密协议、门禁制度、公司的管理手册、外来人员参观全程陪同等措施，而上述措施是人民法院认定牛尾电机厂是否采取了相关措施保护商业秘密的重要证据。

第三，实用价值性。实用价值性包括经济价值或商业价值，是指商业秘密的有关信息能够为权利人带来竞争优势和经济利益，这也是商业秘密能够获得法律保护的主要原因。经济利益指与商业秘密的获取、使用、披露有关的经济利益，包括现实损失与潜在损失；竞争优势指竞争中的领先地位，是价值性的近似表述。竞争优势可表现为抽象的领先时间、领先市场地域等。无论是已投入使用还是处于研发阶段的商业秘密，无论是能够在短期内享受收益还是需要长期运转才能获得收益的商业秘密，只要能够被实际应用，能够转化为现实或潜在的经济价值，均应当被认定为具有实用价值性。同样地，如果一项商业秘密不能为其权利人带来经济价值或竞争优势，则毫无秘密可言，亦无须法律保护。

第七节 知识点总结

1. 企业商业秘密侵权的特点

（1）商业秘密侵权发生率高，"内鬼"作案比例高。在大数据时代，利用网络技术非法攻击、窃取信息的现象十分常见。例如，黑客或病毒软件可能悄无声息地出现在企业的信息系统中，窃取、监听企业的计算机信息，拦截企业的电子邮件与传真等。2023年上半年，全国检察机关共受理审查起诉侵犯商业秘密犯罪167人，同比上升89.8%。检察机关办案发现，新类型侵犯知识产权犯罪不断出现，疑难复杂案件增多，侵犯商业秘密犯罪危害大，内部员工作案比例高。实践中，由于外部人员难以直接获取企业商业秘密，往往是企业内部人员尤其是关键岗位技术人员、高级管理人员离职跳槽"顺手牵羊"窃取企业的商业秘密，或内外勾结共同实施侵犯商业秘密的行为。从涉及领域看，原告单位既有传统制造型企业，也有信息技术、生物医药、智能制造等高科技公司。从商业秘密种类看，侵犯软件源代码、技术方案、设备图纸等技术信息类案件为主要类型，侵犯价格信息、个性化客户需求等经营信息类案件亦时有发生。

（2）专业鉴定程序及鉴定意见适用频率高。在商业秘密纠纷审理过程中，针对部分专业性较强且对案件审判具有重要作用的事实，人民法院需要借助专业鉴定程序并适用鉴定结论认定相关案件事实。在商业秘密纠纷案件中，鉴定程序主要运用于以下三种情形：一是案涉商业秘密构成要件鉴定，包括"秘密性"鉴定、商业价值鉴定和保密措施"相应性"鉴定；二是"相同"或"实质相同"鉴定，即认定被诉侵权信息与权利人商业信息是否相同或实质相同，其主要方法是进行密点对比；三是损失数额鉴定，用以确定权利人所遭受损失的具体数额，人民法院据此判定侵权人应承担赔偿责任的具体数额。

针对鉴定程序和鉴定意见的适用，双方当事人均可以提出认可或质疑意见。司法实践中，当事人通常从鉴定事项的受托主体、检材的提交与固定、鉴定意见的评价及鉴定人出庭作证四个方面提出质疑意见。

（3）侵权手段日趋复杂，商业秘密保护较为困难。随着科技不断进步和发展，侵权人获取权利人商业秘密时所采取的手段日趋复杂、科技化程度日趋提高，为权利人调查取证带来了不小的挑战。盈科律师事务所第五届全国知识产权法律专业委员会主任王承恩在第八届徐汇滨江法治论坛中提及，以2011—2022年粤琼桂闽四省商业秘密民事案件裁判结果的数据为依据，在南部四省[①]十多年来受理的商业秘密民事诉讼的案件总量中，原告败诉的案件数量几乎是胜诉的3倍。主要原因集中在原告没有提供相应的证据、无法证明被告存在侵权行为、原告信息不构成商业秘密等。

2. 企业应采取什么商业秘密保护措施

（1）组建保密团队。建议企业在总经理领导下设立商业秘密管理办公室，由总经理担任该办公室主任，负责公司日常商业秘密管理、保护工作。企业可以根据自身特点确定商业秘密保护部门，配备专职或兼职保密员。除了依靠企业内部人员，企业也可以自行聘请外部法律顾问，向司法机关及政府主管部门的工作人员请求给予一定的指导。

（2）明确保密级别。给商业秘密划定密级是企业做好保密工作的前提。根据我国《中华人民共和国保守国家秘密法》，国家秘密的密级分为绝密、机密、秘密三级。而国务院国有资产

---

① 指广东省、海南省、广西壮族自治区、福建省。

监督管理委员会《关于印发〈中央企业商业秘密保护暂行规定〉的通知》（国资发〔2010〕41号）第13条规定，中央企业商业秘密的密级，根据泄露会使企业的经济利益遭受损害的程度，确定为核心商业秘密、普通商业秘密两级，密级标注统一为"核心商密""普通商密"。企业应根据商业秘密的载体形式，对商业秘密进行标记，包括绝密级商业秘密、机密级商业秘密和秘密级商业秘密三大等级。企业在确定商业秘密密级的同时，可根据商业秘密的保护价值，确定保密期限，具体可参考企业技术秘密的生命周期长短、技术成熟程度、技术潜在价值大小和市场需要程度等因素综合决定。

（3）制定保密制度。企业应建立健全切实可行的保密制度，编制保密手册。保密制度应当向全体员工公示，以便其充分了解相关规定并严格遵照执行。在制定保密制度的同时，还应当制定涉密突发事件处置的应急预案。在"皮某某侵犯商业秘密案"中，牛尾电机厂编写了雇员管理手册，是证明该企业存在商业秘密保密措施的证据之一。

（4）完善保密措施。企业可采取以下保密措施：第一，与员工签订保密协议、知识产权归属协议或竞业限制协议等。企业可以在劳动合同或保密协议中与员工约定竞业限制条款，并约定在解除或终止劳动合同后，在竞业限制期限内按月给予员工适当的经济补偿。另外，企业可以与涉密员工在劳动合同或保密合同中约定脱密期，但不得超过6个月。在此期间，企业可以采取相应的脱密措施。第二，企业应定期举办员工商业秘密法律知识培训，进行商业秘密保护等法制宣传，提高员工的保密意识。第三，对涉密场所限制来访或分区管理。一方面，严格管控企业的外来人员，不得随意进入科研生产厂区及重要部门，须履行登记手续，严格执行公司参观访问管理制度；另一方面，对企业的工艺流程实行分段、分车间管理，重点车间实行封闭式管理。第四，加强对电脑、传真机、打印机的管理及规范互联网的使用，对商业秘密及其载体进行甄别管理。例如，涉密电脑设置进入密码，安装历史记录程序；针对涉密软盘、光盘等移动存储介质要统一备案，进行跟踪管理；设置企业内网，严禁在连接外网的电脑上处理涉及企业商业秘密的电子文件资料；当电脑交给外部人员修理时，须拆卸涉密存储设备、删除涉密资料，防止商业秘密被修理人员窃取等。

3. 保密条款和保密规章等能否构成有效的保密措施

《最高人民法院关于审理侵犯商业秘密民事案件适用法律若干问题的规定》（以下简称《规定》）第5条规定："权利人为防止商业秘密泄露，在被诉侵权行为发生以前所采取的合理保密措施，人民法院应当认定为反不正当竞争法第九条第四款所称的相应保密措施。人民法院应当根据商业秘密及其载体的性质、商业秘密的商业价值、保密措施的可识别程度、保密措施与商业秘密的对应程度以及权利人的保密意愿等因素，认定权利人是否采取了相应保密措施。"《规定》第6条对保密措施进行了详细列举："具有下列情形之一，在正常情况下足以防止商业秘密泄露的，人民法院应当认定权利人采取了相应保密措施：（一）签订保密协议或者在合同中约定保密义务的；（二）通过章程、培训、规章制度、书面告知等方式，对能够接触、获取商业秘密的员工、前员工、供应商、客户、来访者等提出保密要求的;(三)对涉密的厂房、车间等生产经营场所限制来访者或者进行区分管理的;(四)以标记、分类、隔离、加密、封存、限制能够接触或者获取的人员范围等方式,对商业秘密及其载体进行区分和管理的;(五)对能够接触、获取商业秘密的计算机设备、电子设备、网络设备、存储设备、软件等,采取禁止或者限制使用、访问、存储、复制等措施的;(六)要求离职员工登记、返还、清除、销毁其接触或者获取的商业秘密及其载体,继续承担保密义务的;(七)采取其他合理保密措施的。"然而,司法实践中,一般性保密条款和保密规章等能否构成有效的保密措施,存在争议。例如,在竞业限制协议中约定离职员工负有保密义务或是与员工签订的保密协议中仅仅对保密事项作了原则性的约定,并未明确载明保密范围和内容,能否构成有效的保密措施?

在"北京某投资咨询公司诉刘某某侵犯商业秘密案"中,北京某投资咨询公司与刘某某签订了保密协议,但协议未明确商业秘密的范围和内容。北京某投资咨询公司称刘某某所使用的QQ号、YY号是其配备的内部工作号,涉及经营信息,而刘某某称QQ号和YY号属于其个人所有,不涉及原告的经营信息。法院认为,北京某投资咨询公司虽与刘某某签订了《讲师合作与保密协议》,但其中并未明确商业秘密范围及具体内容。而在双方签订的《聘任合作协议》《股民老张大讲堂讲师合作协议》等协议中亦主要对刘某某不得在公司任何平台公开私人任何联系方式,不可索要和私存任何客户的联系方式等获取客户信息的方式进行了限制。故上述协议的签订不足以认定北京某投资咨询公司与刘某某之间通过系列协议中的禁止性规定实施了保密措施。北京某投资咨询公司主张其对刘某某授课进行了监督管理行为属于保密措施,但其未提交证据予以证明。北京某投资咨询公司主张涉案 QQ 号是其为被告配备的工作专用内部号,但其未提交充分证据证明涉案的 QQ 号中包含原告主张的公司创意、管理、销售、财务、客户信息、数据等经营信息且已采取保密措施,故刘某某使用 QQ 号的行为不能认定为侵害了北京某投资咨询公司的商业秘密。

由此可见,如果涉案信息为价值较高的技术信息或经营信息,属于权利人的核心竞争力,具有巨大的、根本性的商业价值,那么企业仅在劳动合同中约定一般性保密条款与保密规章是远远不够的,还需要考虑权利人对信息载体是否采取了保密措施。例如,在涉密信息的载体上是否标有保密标志,对于涉密的机器、厂房、车间等场所是否采取录像监控等。因此,除了保密条款与保密规章,企业还需要结合其他的相关措施防止商业秘密泄露。[1]

4. 商业秘密案件的司法鉴定

根据我国《反不正当竞争法》第 9 条规定,侵犯商业秘密的行为可归结为以下几类:获取行为、披露行为、使用行为及允许他人使用行为。司法实践中,较为常见的侵权行为组合为"获取行为+使用行为"与"获取行为+允许他人使用行为"。一旦商业秘密被泄露,企业如何证明泄露人获取、使用或允许他人使用商业秘密,是一大难题。法院一般要求对泄露人的产品

---

[1] 孔祥俊. 反不正当竞争法新原理分论 [M]. 北京:法律出版社, 2019: 381.

中是否包含涉案技术信息进行司法鉴定，用以证明泄露人获取、使用或允许他人使用商业秘密，上述鉴定方式被称为"同一性鉴定"。例如，在"皮某某侵犯商业秘密案"中，保护中心鉴定所对莱拓浦公司"投影灯芯"与牛尾电机厂"水银投影灯芯"的生产工艺技术信息进行鉴定，最后得出二者实质相同且具有同一性的鉴定结论。因此，在商业秘密刑事案件中，往往针对涉案技术信息是否构成"不为公众所知悉"进行非公知性鉴定，对权利人的产品中是否使用了涉案技术信息进行"同一性"鉴定，对泄露人的产品中是否包含涉案技术信息进行"同一性"鉴定。同时，商业秘密案件中亦存在对信息"非公知性"的鉴定。由于刑事诉讼采用确实、充分的证据标准，为了增强商业秘密"非公知性"判断的准确性，鉴定机构在实践中往往参照专利"新颖性"的审查标准，采用科技查新的方式对权利人主张的信息是否符合"非公知性"作出判断。[①]

在商业秘密刑事案件中，被告或犯罪嫌疑人是否具有自行委托鉴定的权利？我国没有相关法律规定被告或犯罪嫌疑人享有委托鉴定的权利，但有补充鉴定和重新鉴定的请求权。同时，司法实践中，一般情况下法院不采纳被告自行委托鉴定的鉴定结论。那么，被告或犯罪嫌疑人所委托的辩护人是否具有委托鉴定的权利？根据《中华人民共和国刑事诉讼法》第37条规定，辩护人的责任是根据事实和法律，提出犯罪嫌疑人、被告人无罪、罪轻或者减轻、免除其刑事责任的材料和意见，维护犯罪嫌疑人、被告人的诉讼权利和其他合法权益。通过该条款

---

① 晏凌煜，尹腊梅. 浅析商业秘密之秘密性的司法鉴定［J］. 中国司法鉴定，2015（1）：8-12.

可以看出，辩护人有责任和权利收集无罪、罪轻或者减轻、免除刑事责任的证据。因此，辩护人可以委托鉴定机构进行鉴定，从而能实现收集无罪、罪轻证据的辩护权利。

　　刑事案件的证明标准为排除合理怀疑，例如在"皮某某侵犯商业秘密案"中，办案机关委托保护中心鉴定所完成相关技术非公知及同一性鉴定，皮某某对保护中心鉴定所出具的鉴定意见提出质疑，并自行委托第三方鉴定机构进行相关技术非公知鉴定。因此，当事人可以针对鉴定意见提出质疑，一般通过申请鉴定人出庭作证等途径解决。《最高人民法院关于民事诉讼证据的若干规定》（以下简称《证据规定》）第36条对鉴定书应当具有的内容进行了详细规定，当事人对鉴定意见提出异议可以从以下几个方面入手。

　　第一，鉴定机构及鉴定人资质是否合法。《证据规定》第32条规定："人民法院准许鉴定申请的，应当组织双方当事人协商确定具备相应资格的鉴定人。当事人协商不成的，由人民法院指定。人民法院依职权委托鉴定的，可以在询问当事人的意见后，指定具备相应资格的鉴定人。"因此，针对鉴定人是否符合规定主要考察两方面的内容。一是鉴定人的选定程序是否合法。当事人申请鉴定的，首先由双方当事人协商选定，协商不成则由法院指定或摇号选定。在人民法院依职权进行鉴定的情形下，法院可以直接指定。二是鉴定人是否具有相关资质。需要根据鉴定的内容，由具有相应鉴定资质的机构和人员进行鉴定。

　　第二，鉴定程序是否合法。鉴定程序合法性将影响鉴定意见是否合法。《司法鉴定程序通则》（以下简称《通则》）详细规定了司法鉴定机构和司法鉴定人进行司法鉴定活动的方式、步骤以及相关规则等。首先,在受理司法鉴定后、鉴定开始前,鉴定机构应当签署承诺书。对鉴定材料的获取、保存应当符合规定,拟采用的鉴定材料应经过双方当事人的质证。《通则》第24条对鉴定材料的提取进行了明确规定,应当由不少于两名司法鉴定机构的工作人员进行,其中至少一名应为该鉴定事项的司法鉴定人。《最高人民法院关于人民法院民事诉讼中委托鉴定审查工作若干问题的规定》则进一步细化,对于当事人放弃质证、无法联系、公告送达的,鉴定材料应当经合议庭确认;对于有争议的材料,应当由人民法院予以认定。其次,在鉴定过程中,《通则》第27条规定司法鉴定人应当对鉴定过程进行实时记录并签名,同时,《通则》规定了记录的手段以及应当载明的内容。针对一些特殊情形的鉴定,例如复杂、疑难、特殊技术问题或者重新鉴定的,还需要遵守特别程序。最后,在鉴定结束后,依据《通则》第35条,司法鉴定机构应当指定具有相应资质的人员对鉴定程序和意见进行复核并签名,并按照《证据规定》第36条的基本要求制作鉴定意见书,由鉴定人签名或者盖章,并附鉴定人的相应资格证明,委托机构鉴定的,鉴定书应当由鉴定机构盖章,并由从事鉴定的人员签名。

第三,鉴定内容是否合法。《证据规定》第36条针对鉴定书的内容作了具体规定,即人民法院应当审查是否具有下列内容:①委托法院的名称;②委托鉴定的内容、要求;③鉴定材料;④鉴定所依据的原理、方法;⑤对鉴定过程的说明;⑥鉴定意见;⑦承诺书。鉴定书应当由鉴定人签名或者盖章,并附鉴定人的相应资格证明。委托机构鉴定的,鉴定书应当由鉴定机构盖章，并由从事鉴定的人员签名。一是鉴定意见必须符合法定的形式要求，包括：按照统一格式制作，由 2 名以上司法鉴定人员签名（打印文本与亲笔签名）、加注《司法鉴定人执业证》证号、加盖司法鉴定专用章、意见书制作时间等。二是鉴定意见必须符合文理表达的要求，包括：①委托鉴定的内容、要求；②鉴定所依据的相关材料；③鉴定所依据的原理和方法；④对鉴定过程所作出的具体说明；⑤给出去伪存真的鉴定意见等。三是鉴定意见必须出具承诺书，其中应当载明鉴定人保证客观、公正、诚实地进行鉴定，保证出庭作证，如作虚假鉴定应当承担法律责任等内容。这是鉴定人应当履行的基本义务，《证据规定》第 33 条对此作了明确规定。主要原因在于，当前鉴定存在一些突出问题，鉴定机构的专业能力参差不齐，当事人对鉴定意见的投诉较多，对鉴定意见的准确性验证手段不足。为此，法律就鉴定人的义务作出规定。而如何签署承诺书，则一般由各地法院根据具体需要及法律规定等进行具体的明确。

第四，鉴定意见作为证据的一种类型，应当围绕鉴定意见能否与待证事实有关联性，能否证明待证事实展开。对于鉴定材料是否全面、所取样本是否科学、是否存在矛盾之处；所依据的技术规范是否全面、准确、是否在时效之内；技术分析过程是否清晰、所采用的评估方法是否正确等均为提出异议与质证的具体内容。

另外，对于鉴定意见形式或内容上存在瑕疵如何处理的问题。依据《通则》第 41 条规定，司法意见书出具后，若发现存在下列情形之一的，司法鉴定机构可进行补正：①图像、谱图、表格不清晰的；②签名、盖章或者编号不符合制作要求的；

③文字表达有瑕疵或错别字,但不影响司法鉴定意见的,如果鉴定意见存在实质性的错误,则应当否定该份证据的证明力。

5. 知识产权刑事、民事程序对于司法鉴定的要求

我国刑事诉讼相关法律法规、司法解释与民事诉讼程序的法律法规、司法解释存在较大差异。因此,作为知识产权刑事程序的鉴定意见当然地不同于民事程序中鉴定意见作为证据的要求,主要表现为以下五大方面:

(1)委托主体。刑事程序中,刑事控告将会在立案前为权利人单方委托鉴定,立案后委托主体多为办案单位。例如,公安、检察机关或人民法院。而民事诉讼中司法鉴定的委托主体可以是单方委托也可以是双方共同委托,更常见的委托主体是法院依职权委托鉴定。

(2)检材来源。刑事诉讼中的鉴定检材主要来源于办案单位,而民事诉讼中的鉴定检材主要来源于双方当事人。人民法院依职权委托的鉴定事项,所提供的检材必须经过双方质证,才能用于鉴定委托事项。

(3)委托阶段。刑事控告立案、侦查、起诉、审理程序所处阶段不同,鉴定委托事项及其需要解决的专门性问题不同。例如,刑事控告立案阶段,可能并不具备同一性鉴定条件,也没有相应的同一性鉴定检材提供,随着刑事控告立案侦查工作的展开,才有可能安排相应鉴定事项。而民事诉讼诉前、审中或法院确定鉴定委托时的要求情况与刑事程序的不同阶段要求相类似。

(4)质询(出庭)与否。鉴定意见出具后,鉴定人是否需要接受质询(出庭)取决于办案单位或法院的实际需要,或是

取决于刑事程序所处阶段、程序的法定要求等。

（5）费用承担。刑事程序中的鉴定费用由办案单位承担，民事诉讼中的鉴定费用，一般情况下由委托人承担或者垫付，最终承担者通常在裁判文书中予以明确。

6. 保护中心鉴定所的司法鉴定流程

保护中心鉴定所的司法鉴定步骤如下：①委托方提交委托书及鉴定相关材料。保护中心出具《司法鉴定材料收领单》，并在七个工作日内决定是否接受委托；②确定受理后，双方签订司法鉴定委托书，保护中心鉴定所受理组审核材料；③保护中心鉴定所确定鉴定组成员，并向委托方提出鉴定人员名单，委托方确认鉴定组人员是否需要回避；④若无需回避，确认鉴定费用到账后启动鉴定工作；⑤鉴定组人员研讨并出具鉴定意见；⑥技术负责人复核，授权签字人签发鉴定意见书；⑦鉴定相关文件及材料存档。具体流程见图6-3。

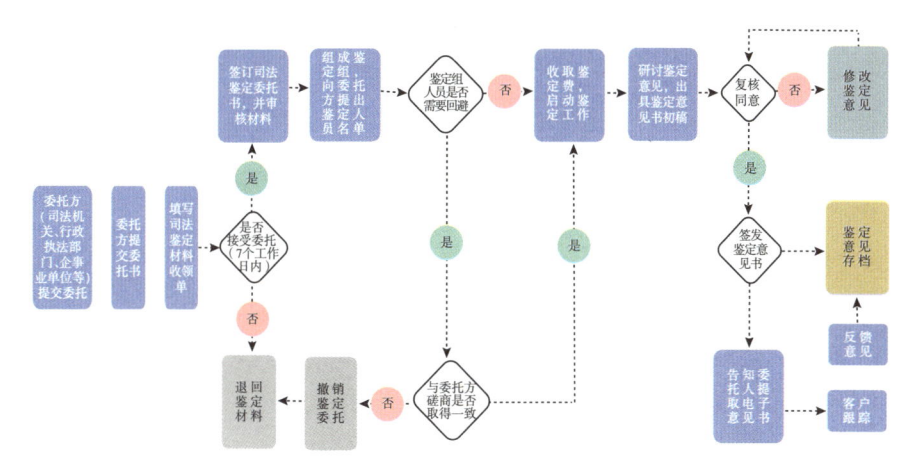

图6-3 保护中心鉴定所服务流程

7. 法院对于哪些情形不予委托鉴定

《最高人民法院关于人民法院民事诉讼中委托鉴定审查工作若干问题的规定》（以下简称《委托鉴定审查规定》）第1条规定，严格审查拟鉴定事项是否属于查明案件事实的专门性问题，有下列情形之一的，人民法院不予委托鉴定：①通过生活常识、经验法则可以推定的事实；②与待证事实无关联的问题；③对证明待证事实无意义的问题；④应当由当事人举证的非专门性问题；⑤通过法庭调查、勘验等方法可以查明的事实；⑥对当事人责任划分的认定；⑦法律适用问题；⑧测谎；⑨其他不适宜委托鉴定的情形。

另外，《委托鉴定审查规定》第2条规定，拟鉴定事项所涉鉴定技术和方法争议较大的，应当先对其鉴定技术和方法的科学可靠性进行审查。所涉鉴定技术和方法没有科学可靠性的，不予委托鉴定。

07
第七章
"华工模式"：
打通科技成果转化"最后一公里"

华南理工大学（图7-1）是粤港澳大湾区唯一一所"以工见长"的国家"985工程"、"211工程"和"双一流"建设A类高校，入围上海软科"世界大学学术排名"前150强。2023年7月19日，国家知识产权局发布了《关于第二十四届中国专利奖授奖的决定》，华南理工大学共获11项中国专利优秀奖，获奖数量排名全国高校第一。自2009年以来，华南理工大学以第一专利权人获奖总数达到50项（含2金5银），获奖总数排名全国高校首位。在国家大力推进知识产权转移转化，加快创新成果向现实生产力转化的背景下，华南理工大学深入开展体制机制改革、路径探索和服务创新，逐步摸索出一系列卓有成效的专利成果转化模式，有效推进了广东省科技成果转化落地，充分实现了高校科研成果积极服务经济社会高质量发展的重要作用。

图7-1 华南理工大学校园

第一节 成果转化的"独门秘籍"

华南理工大学非常重视知识产权与成果转化工作,学校充分发挥"以工见长"的科技优势,积极打造"点线面"相结合、层层递进的知识产权服务体系,以及知识产权成果转移转化创新体系。2021年3月,华南理工大学组建了科学技术研究院,由主管科研的副校长任院长,下设科技规划与综合处、基础研究与基地建设处、重大项目与高新技术处、科技合作与转化处、知识产权处、先进技术处6个业务处室,以及学术委员会办公室、科学技术协会办公室、工业技术研究总院、国家大学科技园4个单位。其中,科技合作与转化处和知识产权处主要负责组织华南理工大学知识产权创造及成果转化落地工作。

第七章
"华工模式":打通科技成果转化"最后一公里"

科学技术研究院不仅是科技成果转化的平台,也是衔接地方产业科技需求的窗口,通过华南理工大学各研究院对各项技术成果孵化而成的诸多高新企业,有的已跻身独角兽企业行列,有的正在进入 IPO 阶段。[①]

华南理工大学形成活跃的知识产权成果转化局面的关键在于不断完善的成果转化体制。学校创新性地对专利成果进行分级分类,通过专利池打包、转让、实施许可、作价入股、创办企业等多种模式盘活专利资产,助力企业创新发展(图 7-2)。例如,华南理工大学以超过 2000 万元的价格将"基于拉伸流变的高分子材料塑化输送方法及设备"专利(以下简称 ERE 技术)转让给广东星联科技有限公司,星联科技则成功利用 ERE 技术研发出新一代产品,抢占新材料产业发展先机。

图 7-2 华南理工大学专利墙

---

① IPO 即 Initial Public Offering(首次公开发行),是指一家公司通过证券交易所上市交易的过程第一次向公众发售股票。

学校针对目标企业,强化技术交流,有针对性地开展重点企业知识产权服务,解决企业技术难题,形成长期合作关系,甚至共建成果转化企业。例如,为了打破美国作为芳纶纸制造工艺的专利垄断国的技术封锁,中车集团株洲时代新材料科技股份有限公司苦寻解决芳纶纸蜂窝技术难题的破解方案;与此同时,华南理工大学胡健教授领衔的技术研发团队在多年苦心研究的基础上,实现了芳纶纸相关技术难点的重要突破。为促成技术与市场的对接,实现知识产权成果的转化落地和专利技术的产业化发展,华南理工大学对本项技术成果在政策和资金方面给予大力支持,学校以技术入股的方式与中车集团株洲时代新材料科技股份有限公司共同设立合资公司,胡健教授及其团队以芳纶纸相关技术作价6684万元,占股25%。

2017年以来,华南理工大学主动融入大湾区整体创新体系,校地共建大型创新平台,与广州、东莞、佛山等地方政府共建广州现代产业技术研究院、中新国际联合研究院、国家大学科技园顺德创新园区等,形成了"五院一园"① 创新创业示范区成果转化模式,最终打通技术研发中试、创新成果遴选、专利技术作价评估、知识产权成果园区落地转化、科技企业孵化的全链条流程。

华南理工大学于20世纪80年代开创了科研服务企业的优良传统,并在长期的科技工作中得到传承和发扬。学校的教师在长期的基层科技工作中积累了丰富的知识产权运营与科技成果

---

① "五院一园"是指中新国际联合研究院、广州现代产业技术研究院、东莞华南协同创新研究院、珠海现代产业创新研究院、中山市华南理工大学现代产业技术研究院与国家大学科技园。

第七章
"华工模式"：打通科技成果转化"最后一公里"

转化经验，并逐步形成了"星期六工程师"这种勇立时代潮头的华南理工模式，使科技创新、自立自强的文化深深扎根在华南理工大学。华南理工大学制定了《企业科技特派员选派办法》，从工资福利、人事考核、职称晋升等方面制订了一系列激励保障措施，派遣各领域的优秀技术专家奔赴深圳、中山、梅州、清远、揭阳等全省各地，深入企业一线，直接参与企业技术创新，打造出一大批新技术与产业化生产的新产品，帮助企业建立起以自主知识产权为支撑的核心竞争力。累计派出人数占全国高校首位，大大提升了整个大湾区的高质量发展水平。

为给知识产权成果转化"松绑"，华南理工大学制定了一套完备的成果转化政策。2003年，华南理工大学出台《关于科技人员创办科技企业的若干规定》，鼓励科研人员以科研成果入股公司。2015年，华南理工大学在全国高校中率先出台《华南理工大学服务创新驱动发展、进一步推进科技成果转化工作的若干意见》，被称为"华工十条"。"华工十条"旨在激励学校科研人员打破科研与转化"两张皮"的困局，将"沉睡专利"化为生产利器。"华工十条"规定，对于全、兼职至试验区开展创新创业的科技人员，设立成果推广类高级职称评聘系列和晋升通道，将成果转化纳入"标志性成果"，并在政府扶持资金、科研团队建设方面给予支持。在试验区内实施股权转化的科技成果，其无形资产所形成的股权分配比例由学校决定，成果完成人及其团队可占股份的70%~95%。"华工十条"坚持以专利高价值培育与高质量转化为目标，点燃了广大教师"把论文写在祖国大地上"的热情，促进大量知识产权成果的转化落地。此外，为更好地对接企业，华南理工大学与专利代理机构之间形成密切的合作。

华南理工大学通过公开招标方式遴选了一批"华南理工大学专利代理入库机构",帮助学校提高专利申请质量。一方面,为技术成果提供专利保障,大大提升成果转化的效率。学校通过专利证书与企业进一步交涉,打消了企业对于技术归属的疑虑。同时,如果企业在实施技术的过程中遭遇侵权,可以用专利为"武器"保障权益。另一方面,知识产权机构熟知市场动向,掌握不同技术领域发展趋势、市场行情及大量专利信息情报,可以在很大程度上充当学校专利技术与市场对接的桥梁。

2022年国家知识产权局办公室印发《专利开放许可试点工作方案》,旨在推动知识产权制度的创新和完善,探索新的专利转化运用模式,畅通成果转化渠道,促进知识共享和技术创新,助推经济社会高质量发展。华南理工大学积极贯彻响应试点工作,以促进高校科技成果转化、惠及中小企业发展为目的,初步形成可推广、可复制、可实施、可持续的专利开放许可工作经验。一方面,学校将专利许可给企业以作先试先行,在专利实施的过程中,企业所付出的成本、代价相对较低。如果企业发现技术可行,便可考虑专利转让或技术入股;若技术不合适,学校也可自行与其他企业接洽。很多企业由于试错成本太高,往往不敢往前迈出这一步,而这种从一对一的模式到一对多的模式,降低了企业的试错成本,提升了企业"迈出第一步"的意愿。另一方面,华南理工大学作为专利所有权人,也需要一个对企业的考察过程。

专利开放许可制度能够在很大程度上促进企业运用新技术,帮助学校专利加快成果转化的脚步。2022年6月28日,学校与广州知识产权交易中心联合推动,成交了全省首单高校专利开放许可项目——"一种具有降血糖活性的辣木叶提取物及其制备方法"。截至 2023 年 12 月底，学校已经完成 216 件开放许可专利的征集及声明工作，范围涵盖食品、生物医药、绿色能源、机械工程以及智能制造材料等领域。

第二节 什么是开放许可

专利开放许可是指权利人在获得专利权后自愿向国家专利行政部门提出开放许可声明，明确许可使用费，由国家专利行政部门予以公告，在专利开放许可期内，任何人可以按照该专利开放许可的条件实施专利技术成果。专利开放许可实质上打破了专利权人与被许可人协商实施的模式，转变为专利权人自主提出面向社会许可、约定许可费标准及支付方式的全新许可使用模式。① 专利开放许可制度的优势主要是以下三大方面：①促进专利许可信息的对接。许可信息的公开发布为许可人和被许可人搭建信息沟通的桥梁，有利于供需双方对接。②提升专利许可的谈判效率。供需双方可以通过简便的方式来达成许可，免去复杂的谈判环节，降低许可的成本。③降低专利许可的交易风险。开放许可制度建立许可信息披露和纠纷调解机制，被许可人能够事先全面了解许可的条件等相关情况。另外，专利开放许可与传统的专利许可存在一定的区别。传统的专利许可方式分为独占许可、排他许可与普通许可三种，相较于传统的专利许可方式，专利开放许可由专利权人主动申请启动，其

---

① 李文江. 专利开放许可的制度优势、实施障碍和促进机制 [J]. 电子知识产权，2023（8）：19-31.

被许可人为不特定对象，不具有独占性、排他性，具有可撤回性、公开性和无歧视性，亦不同于具有公权力介入的专利强制许可，保持了传统专利许可方式的自愿性。

2020年，我国《专利法》进行第四次修订，首次引入专利开放许可制度，成为本次修订的一大亮点，被视为化解我国专利转化率低这一难题的重要立法举措（表7-1）。为了推动专利开放许可制度平稳起步，国家知识产权局制定了《推进专利开放许可实施工作方案》，并向地方印发了《专利开放许可试点工作方案》，要求全国专利转化专项计划首批重点支持的8个省份制定具体方案。在国家知识产权局、广东省市场监督管理局（知识产权局）的推动下，华南理工大学和广州知识产权交易中心发挥各自领域的优势，积极开展专利开放许可创新模式的探索，共同完成广东省首批高校专利开放许可声明，搭建广东省首个高校专利开放许可专版。截至2023年12月31日，广东省专利开放许可平台专区已公开发布了2191条专利开放许可的信息。

表7-1　《专利法》第50条关于开放许可的法条解析

开放许可形式	专利权人自愿以书面方式声明愿意许可任何单位或者个人实施其专利，并明确许可使用费支付方式和标准，由国务院专利行政部门予以公告
专利类型	发明、实用新型、外观设计。实用新型与外观设计专利需提供专利权评价报告
许可手续	以书面方式通知专利权人后，依照公告支付许可使用费。只能给予普通许可，不得独占或者排他许可

续表

开放许可撤回	以书面方式提出,并由国务院专利行政部门予以公告。专利权人撤回开放许可的,在先给予的开放许可依然有效
优惠	开放许可实施期间,缴纳的专利年费给予减免
纠纷解决途径	先由当事人协商解决,不愿协商或者协商不成的,可以请求国务院专利行政部门进行调解或是向人民法院起诉

第三节 成果转化的故事

为了深入探寻华南理工大学打通科技成果转移转化全链条的路径,接下来分别介绍华南理工大学两个创新研发团队的创新故事,他们是虞将苗团队与章秀银团队。说来有趣的是,这两个研发团队的研究主题一个是"在路上",另一个是"在天上"。

1."在路上"

虞将苗[①]是华南理工大学土木与交通学院教授,博士生导师。1996年,虞将苗考入华南理工大学路桥专业,一直读至博士毕业并留校任教,长期从事道路工程材料专业,专注沥青研究24年。长期以来,我国在沥青技术方面十分落后,研究沥青方向的人才也极度紧缺,如何破解国外发达国家在沥青技术方

---

① 虞将苗,男,博士,丁颖科技奖获得者,兼任世界交通运输大会(WTC)路面抗滑/路表功能委员会主席、广东省公路学会路面工程专业委员会副主任,Building Materials 等3本期刊编委。主要研究方向为高性能沥青与沥青混合料、新型路面结构与材料、现代道路养护与管理技术、路面无损检测与评价技术、绿色智能道路建造技术。

面形成的专利垄断，成为制约我国道路交通和经济发展的技术难题。面对当时沥青路面少、抗裂与抗变形能力低、黏附性较差、形成剥落和坑槽的技术难点，虞将苗在研究大量国外关于沥青技术的专利文献后，将如何减少沥青层的厚度并提升沥青的性能作为研发突破的关键点。以往沥青表面层的厚度一般是4 cm，在施工铺设时不仅工期长，而且所需的物料也较多。如果能降低沥青层的厚度，既能节省物料，又能加快工期，同时大大提高沥青道路的使用寿命。但将沥青"做薄"并不是简单地把4 cm的材料设计成1 cm而已，一旦沥青"做薄"后，其力学性能、受力状况都会随之发生改变，对材料性能的要求会指数级提升。

在明确技术研发方向的同时，虞将苗也同步打造核心技术的自主知识产权并进行专利布局，为将自己的技术推向市场做好准备。早在2003年，还在读研究生的虞将苗申请了人生第一件专利——一种压实沥青混合料的密度测定方法，并建立起他的事业与知识产权之间千丝万缕的联系。虞将苗在华南理工科研院的引导下，围绕沥青技术申请了专利80余项，国际专利2项。虞将苗表示，未来重点将在"一带一路"沿线国家或是发达国家进行专利布局并落地沥青技术的实施，特别是在路面领域做出卓越贡献的国家。他以到这些国家展示沥青技术，并与当地的先进技术进行同台竞技、同场比拼，碰撞出新的火花为发展目标。

好酒不怕巷子深，打铁还需自身硬。如今，虞将苗团队自主研发的"高韧超薄沥青磨耗层"（图7-3）采用国际最先进的同步摊铺工艺，实施厚度为8~12mm（理论上极限厚度6mm，为全行业最薄）。从4cm到1cm的转换，使成型后的路面具有远超常规路面的抗滑、降噪、抗裂、防水和耐久性能。而且虞将苗所研发的沥青在使用寿命上也更长，通常只有一年的质保期被提升到了五年。虞将苗的专利技术也经受住了市场的考验。该专利技术被列入国家交通运输类重大科技创新成果推广目录（交通运输类33项之一）；入选2020年全球技术转移大会展示项目（广东省科技厅2项推荐项目之一），并成功在港珠澳大桥人工岛通道、广州白云国际机场、上海延安路、澳门亚马喇前地、杭州亚运保障道路等百余个重点项目应用实施，使用范围遍及广东、上海、北京、澳门、吉林等26个省、自治区、直辖市和特别行政区，实施面积逾3000万平方米。其中以高韧超薄沥青磨耗层为主要支撑材料的上海延安路中运量公交系统工程获2019年"国家优质工程奖"和2021年度上海市公路学会科学技术奖一等奖。

图 7-3 "高韧超薄沥青磨耗层"产品钻芯取样

除了华南理工大学教授，虞将苗还有另外一重身份——华运通达科技集团有限公司①的董事长，这也是华南理工大学推进校企联动，共促专利成果转化落地的典型案例之一。2018年，华南理工大学依据专业资产评估公司的估值结果，以学校24件沥青相关专利作价3500多万元入股，由社会资本出资1500多万元共同成立了华运通达（广东）道路科技有限公司（现华运通达科技集团有限公司），公司以先进道路工程材料研发、生产和推广为战略目标，推进实现产业化生产。在华运通达公司的股权分配中，华南理工大学将作价入股所持股份的85%直接奖励给发明人虞将苗教授团队，为激励更多优秀的科技成果实施转化提供了积极的示范样例。

华南理工大学与华运通达科技集团有限公司（以下简称华运通达）通过将共同持有的专利转化实施，并采用多种实施途径相结合，促进专利价值最大化，包括但不限于自行实施、许可实施、质押融资、作价出资入股等方式，促进专利技术的产业化，为国家交通基础设施建设和道路品质化提升提供了绿色、低碳、高性能的全新解决方案，为我国现代化综合交通体系的绿色低碳发展作出贡献。公司现已被认定为国家高新技术企业、国家专精特新"小巨人"企业、广东省知识产权示范企业、广东省制造业单项冠军示范企业。拥有一支由海外归国学者、道路工程领域专家、博士、硕士组成的研发与经营管理团队，依托"高性能路面磨耗层"技术研发，累计申请专利近80件，入库第一期广东省专利转移转化典型案例，并先后获得省级科技进步奖、中国发明协会发明创业奖、中国技术市场协会金桥奖

---

① 华运通达先后被评为国家高新技术企业和国家专精特新"小巨人"企业，致力于道路技术革新，聚焦先进绿色高性能道路工程材料等技术领域。

第七章
"华工模式":打通科技成果转化"最后一公里"

等10余项奖项,完成知识产权管理体系、ISO9001质量管理体系、ISO14001环境管理体系、ISO45001职业健康安全管理体系等多项管理体系认证。

在华南理工大学和华运通达推进专利转移转化、促进专利价值实现的过程中,有着哪些有益经验呢?

(1)校企合作,自行实施。自2019年1月1日起,华运通达与华南理工大学共同促进专利技术转化实施,设计形成的"高韧超薄沥青磨耗层"(图7-4、图7-5)已广泛应用在各类道路的建设与维养中,特别是在裂缝较多、恒载受限的桥梁、净空受限的隧道、附属设施标高固定的路面罩面品质提升工程中,高韧超薄沥青磨耗层具有显著的应用优势。截至2023年12月31日,专利产品累计销售额超5亿元,其中新增出口额超190万元[出口国为刚果(金)],累计销售净利润额约5500万元。

图7-4 专利技术应用已涵盖高速、市政、公路体系的路、桥、隧道（沥青与水泥）罩面各种工况条件

图 7-5 高韧超薄沥青磨耗层路、桥、隧道施工

（2）许可实施，加速技术推广应用。华运通达先后将专利技术许可给多家企业使用。被许可企业凭借专利技术提供的设计方法生产"高韧超薄沥青磨耗层"混合料，并将产品应用于刚果（金）金马公路、南非能源冶金经济特区菱镁矿区道路、广州北环高速、广澳高速广珠北段、G106国道清远段、广州白云国际机场、东濠涌高架、江湾大桥、广州大道、珠海尖峰大桥、昌盛大桥、珠海大道等重要路段，截至2022年8月，累计许可销售额超18亿元，其中出口额近1.6亿元。

（3）质押融资，实现专利资产效益。华运通达为企业的技术创新活动提供资金支持，提升企业经营运转能力，于2020年1月与中国银行股份有限公司顺德分行签订融资质押协议，约定以24件专利作为质押物，融资700万元；后于2021年再次签订补充协议，融资金额增至2000万元，充分实现了专利技术的无形资产效益。此外，华运通达还与多家银行签订了人民币流动资金贷款合同，成功贷款超3000万元，进一步为企业的科技创新提供了资金支持。

（4）参与/主导标准制定，引领行业技术发展。华南理工大学与华运通达依托学校和企业的科研成果参与/主导了多项标准的起草工作。如，华南理工大学主导编制并发布了中国公路协会标准《密实型高韧沥青混合料薄层罩面技术指南》，参与制定了行业标准《公路沥青路面设计规范》（JTG D50—2017）、《广东省高等级公路沥青路面养护技术地方规定》（GDJTG H01—2012）以及广东省地方标准《透水沥青混凝土路面技术规程》（DBJT 15-157—2019）。华南理工大学还与华运通达共同主导了中国工程建设标准化协会标准《公路冷拌冷铺超薄耗层应用技术规程》、广东省地方标准《道路工程高韧超薄磨耗层技术规范》以及华运通达企业标准《高韧超薄沥青磨耗层技术指南》的制定。通过参与/主导标准制定，引领了道路工程行业的技术发展，扩大了专利技术的影响力。

（5）扩大技术影响力，促进技术转化。权威媒体多次对华运通达的技术成果进行宣传报道，扩大了技术与产品的市场影响力。例如，中央广播电视总台"我们的新时代"系列纪录片对华运通达进行了报道；中央电视台财经频道《专精特新·制造强国》栏目对发明人虞将苗进行了"高人"系列的电视采访；《中华英才》杂志对发明人虞将苗进行了题为"华耀含章　运斤怀器　通行四方　达志天下　道路科技创新驱动者"的专访报道；《科技日报》针对华运通达的科学技术成果应用发表了题为"薄薄一层不足2厘米却作价3500多万，新型沥青路面磨耗层'铺'进12省"的报道；《南方都市报》针对技术成果应用于港珠澳大桥建设，发表了题为"超级工程背后的华工智慧"的报道。此外,还凭借专利技术援建云南云县爱华镇小忙兔公路,助力乡村振兴。通过媒体平台的宣传报道,扩大了行业影响力。

华南理工大学和华运通达在实际项目实施过程中,高度重视知识产权保护和运用,不断围绕沥青技术进行专利战略布局,积极推进运用保护措施,取得了如下有效经验:

(1)强化专利布局,加强科研成果保护。为了更好保护科技创新成果,华运通达积极规划专利申请策略和布局,力求保护范围最大化,为后续专利技术运用、推广及保护打好基础。围绕改性沥青制备方法、沥青磨耗层冷拌冷铺车、沥青路面性能的测量装置等核心技术进行专利布局,构建专利保护网,防止竞争对手采取绕过障碍专利战略,有效筑牢企业知识产权保护防护墙。同时,积极开展海外专利布局,为开拓海外市场做好知识产权保护。

(2)购买专利执行保险[①],降低经营风险。2021年12月17日,华运通达就企业持有的专利向中国人民财产保险股份有限公司投保,并签订了保险协议,帮助企业降低维权成本和经营风险,进一步强化企业专利资产保护力度。

(3)培育高价值专利,增强市场竞争优势。为提升知识产权质量,推进知识产权高效运用,提高知识产权运营价值和市场效益,华运通达积极开展高价值专利培育和产业化应用工作,帮助公司进一步提升了企业核心竞争力。公司自主研发的"一种改性沥青及其制备方法(ZL201711461130.5)"参与了"2021年第九届广东省专利奖"评选,并获得广东省专利优秀奖。

---

① 专利执行保险是指保险公司在投保期间按合同约定向投保人为专利维权而支出的调查费用进行赔偿的保障,目的在于保护自身利益,或将损失减少到最低限度。

（4）进行专利产品备案，保障企业与消费者权益。华运通达积极响应国家发布的《知识产权强国建设纲要（2021—2035年）》和《"十四五"国家知识产权保护和运用规划》，在与华南理工大学合作转化实施专利技术的同时，积极开展专利产品备案工作。备案产品被认定为年度专利密集型产品后可获得认定编码、标识二维码和认定证书，公众可以通过标识二维码获取产品的详细专利信息，作为消费决策参考。通过对专利产品进行备案，一方面促进了专利技术转化实施，另一方面保障了企业与消费者权益。

（5）开展多方合作，促进知识产权产出与转化。华运通达积极与佛山高新技术产业开发区管理委员会、佛山市科学技术局等地方单位开展横向合作，加速科学技术研究成果应用于地方生产，促进地方科技创新与高质量发展，加快企业知识产权的产出与转化。

（6）建章立制，强化企业知识产权管理。华运通达积极开展知识产权管理标准化建设，按照《企业知识产权管理规范》（GB/T 29490—2013），建立了完善的知识产权制度，建立以《知识产权管理手册》为中心的体系文件，包括《知识产权激励制度》《知识产权经费管理办法》等，并在实际管理中严格执行，形成切实有效的管理机制，进一步提高知识产权创造质量，强化维权意识，提升市场竞争力。华运通达于2020年6月完成了知识产权管理体系认证。同时，鼓励并支持员工积极参加知识产权外部培训和内部交流分享，主题涵盖专利挖掘与布局、技术交底书撰写、知识产权管理等全链条，员工的知识产权保护能力得到有效提升。公司还积极开展与专业知识产权服务机构的合作，定期举办知识产权知识讲座和沙龙等活动，提高企业整体知识产权意识和维权保护能力。

目前，华运通达所持有的大部分专利已转化实施，并采用自行实施、许可实施、质押融资、作价出资入股等方式促进专利价值最大化。公司专利技术的产业化实施为国家交通基础设施建设和道路品质化提升提供了绿色、低碳、高性能的全新解决方案，促进了我国现代化综合交通体系高质量发展。

2. "在天上"

章秀银是华南理工大学电子与信息学院教授，博士生导师，主持纵向项目30余项和横向项目20余项，担任两个校企联合实验室主任，发表SCI论文200余篇（其中IEEE Trans. 论文150余篇）。[①] 自2010年章秀银在华南理工大学任教以来，长期从事天线、射频电路芯片、智能无线通信与感知等方向的研究。先后获得广东省自然科学奖一等奖（第一完成人）、广东省技术发明奖一等奖（第一完成人）、中国专利银奖/广东省专利金奖（第一发明人）、粤港澳大湾区高价值专利培育布局大赛金奖以及中国电子学会十佳优秀科技工作者等奖励。

20世纪90年代，移动通信技术高速发展，通信工具从模拟通信的大哥大到数字移动电话（小型手机）的转变让章秀银对通信领域产生了好奇。他在高考报考时毅然选择了这一专业，并从此扎根于该领域的研究。章秀银表示，从科研项目的立项

---

① 章秀银，男，博士，华南理工大学二级教授，电子与信息学院党委书记。国家自然科学杰出青年基金获得者，教育部重大人才工程入选者，万人计划科技创新领军人才，教育部科技委委员，IEEE Fellow，IET Fellow，IEEE广州分会副主席。

到科研成果的落地，再到形成知识产权保护，最终产品应用于市场，要历经大量的分析设计与重复实验，其过程枯燥且乏味，一个科研团队往往要坐很多年的冷板凳才有机会实现研究成果的转化和运用。通过研究团队长年专注且扎实的研究，章秀银团队于 2014 年获得"中央高校基本科研业务费成果转化项目 5G 毫米波有源天线系统研发"的科研课题，其成果在 2016 年第五届 IEEE 亚太天线与传播会议及其他论坛上宣讲后，吸引了企业的注意，并承担了企业委托项目的技术开发。该系列技术支撑章秀银获得了 2020 年度广东省技术发明奖一等奖，并入选了 IEEE Fellow。随着章秀银团队研究的进一步深入，其关于毫米波集成电路领域的最新成果在 2023 年 2 月 19 日至 23 日在美国召开的 2023 年 IEEE 国际固态电路会议①（IEEE International Solid-State Circuits Conference，ISSCC 2023）上成功发表，这是华南理工大学首次以第一单位在 ISSCC 上发表论文，代表着章秀银团队在该领域的研究已经达到先进水平。

在该领域的科研过程中，章秀银团队十分注重创新技术的知识产权保护和专利布局，团队先后申请该领域专利 70 余件，其中部分技术同时申请美国专利 10 余件。通过检索可知，以章秀银作为专利发明（设计）人，华南理工大学作为申请人的有效专利共 234 件，其中发明专利的占比较大，小部分为实用新型专利。由于该领域的技术合作特点，相关专利技术以许可方

---

① ISSCC 是世界学术界和工业界公认的集成电路领域的顶级会议，被誉为"芯片国际奥林匹克大会"，1953 年由贝尔实验室等机构发起，每年吸引了超过 3000 名来自世界各地学术界和工业界的参会者。每年入选 ISSCC 的论文大多来自芯片领域顶尖的科技公司、高校和科研院所，代表着当年度本领域的全球领先水平。

式授权企业使用居多，不同专利技术会选择不同的企业合作，合作的模式各不相同。章秀银表示，在这些专利技术成果转化的过程中，华南理工大学为科研人员提供了很大的支持与帮助。

（1）政策上，积极鼓励知识产权成果转化。华南理工大学很早便出台了《华南理工大学服务创新驱动发展、进一步推进科技成果转化工作的若干意见》，该政策激励了不少学校教师在成果转化和促进服务地方经济发展方面作出重要贡献，并由此获得学校认可，获评相应职称。据章秀银介绍，科技成果转化的收益绝大部分归属于课题组。"华工十条"规定，对全职或者兼职到试验区内开展创新创业的科技人员，建立相关岗位晋升通道，设立成果推广类教授、研究员、高级工程师等系列职称评聘机制，并在政府扶持资金、科研团队建设方面给予支持。

（2）日常服务上，"点线面"立体式开展宣传工作，让知识产权成果转化意识深植在学校师生的科研过程中。在某些特定的研究领域，学校科学技术研究院进一步畅通沟通渠道，为学校和企业的交流合作提供对接资源和渠道，帮助高校科研成果通过知识产权转移转化而落地生根、产业化发展。学校科学技术研究院十分重视各项课题研究组的工作进度、研究成果、知识产权保护情况，并在此基础上，为其"精准匹配"领域内相关企业的技术需求，为知识产权成果转移转化搭建桥梁。

（3）学校科学技术研究院还为科研团队提供相关专利服务。章秀银在科学技术研究院的指导下，成功申请了多件高质量专利，并获得多项知识产权领域的重要奖项。章秀银表示，在早期，他对于《专利法》要求的"三性"也是一知半解，甚至将新颖性与创造性混为一谈，是科学技术研究院的系统培训，为他逐步建立了知识产权概念体系。此外，学校科学技术研究院还针对章秀银的专利进行了导航分析①，为团队的技术研发方向、技术生命周期、主要竞争对手等提供了重要参考。学校根据专利导航结果，推荐章秀银团队参加了高价值专利培育项目，包括技术进一步研发、专利布局，与企业对接转化、企业联合申报专利奖等。在申报专利奖过程中，章秀银又报名了粤港澳大湾区高价值专利培育布局大赛，并获得了大赛金奖。紧接着章秀银申报了广东省专利奖，在获金奖后最终牵头申报国家专利奖，并取得优异成绩。在章秀银团队获得诸多知识产权领域的奖项后，学校积极安排获奖人员开展宣讲活动，充分发挥榜样的示范引领作用，以获奖者的亲身经历进一步带动学院师生对知识产权工作的热情和投入。

华南理工大学深入推进高校知识产权供给侧结构性改革，促进专利成果转化，严控专利保护质量，以点带线带面，通过点上辐射、线上延伸、面上联动结合，成为华南地区高校知识产权创造运用的排头兵。近三年，华南理工大学以科技成果转化作价出资创办企业 7 家，37 件专利作价出资 5500 万元，企业注册资本总计超过 3.36 亿元。"五院一园"吸引超 10 亿元投资，孵化 370 家高技术企业，其中包括新三板上市企业 1 家、国家级重点专精特新"小巨人"企业 1 家、国家级专精特新"小

---

① 专利导航是指在宏观决策、产业规划、企业经营和创新活动中，以专利数据为核心深度融合各类数据资源，全景式分析区域发展定位、产业竞争格局、企业经营决策和技术创新方向，服务创新资源有效配置，提高决策精准度和科学性的新型专利信息应用模式。所形成的专利导航分析报告内容通常包括项目需求分析、信息采集范围及策略、数据处理过程与方法、专利导航分析模型和分析过程、结论和建议。

巨人"企业5家、高新技术企业60家。在知识产权保护和科技成果转化的路上，华南理工大学用自己的方式铸成了象牙塔里的"金苹果"，为促进社会经济增长和服务国家发展战略贡献了重要力量。

第四节　什么是专利许可

专利许可又称专利实施许可，一般是通过签订专利许可合同的方式实现，是指专利权人或其授权的人作为许可方许可他人在一定范围内实施专利，被许可方支付约定使用费的一种法律行为。专利实施许可分为独占实施许可、排他实施许可、普通实施许可、交叉实施许可与分许可5种形式。独占实施许可是将该专利仅许可一个被许可人实施，专利权人自己亦不得实施该专利。排他实施许可是指仅许可一个被许可人实施，专利权人自己也可以实施。普通实施许可是指专利权人可以许可若干被许可人实施专利。交叉实施许可是指两个专利权人互相许可对方实施自己的专利。在飞速发展的技术密集型行业，专利技术"纵横交错"，一项产品经常不可避免地涉及其他专利权人的正当权利。签订专利交叉许可协议是实现"技术互补"的有效途径，能够实现双赢乃至多赢。例如，华为与OPPO签订全球专利交叉许可协议，OPPO付费获得了华为先进的5G技术等专利许可，华为也获得了OPPO在无线标准技术等方面的专利许可。分许可是指被许可人与专利权人协商约定，被许可人可以再许可第三人实施同一专利，分许可必须得到专利权人的同意。

在实践中，专利拆分许可也是一种常见的许可方式，有利于避免科研成果转化停滞等问题。例如，上海交通大学医学院一项名为"增强激动型抗体活性的抗体重链恒定区序列"的发明专利申请获得授权后，将其中的在特定靶点范围内的专利权以独占实施许可的方式许可给上海一家医药科技公司，合同金额约3亿元；将在其他靶点范围内的专利权同样以独占实施许可的方式许可给一家苏州企业，两次许可的合同总标的额，预计超过5亿元。

第五节　知识点总结

1. 专利成果转化有哪些形式和特点

专利成果转化是指将专利成果转变为现实生产力的过程，比较常见的专利成果转化方式有作价入股、专利许可与专利转让三种。

（1）作价入股。作价入股是知识产权资本化的一个重要手段。专利技术入股是以专利技术作为财产作价，以投资入股的形式和其他财产形式（如货币、实物、土地使用权等）入股，并按法定程序联合组建有限责任公司或股份有限公司。如华运通达公司，在技术入股前，首先，需要对技术成果的内容进行梳理、打包，选择与公司发展直接相关的专利。其次，针对专利包进行评估，使评估价与资方达成一致。最后，将专利权从学校转移到新公司，学校、资方和团队均成为该公司的股东，共同推动科研成果转化为商业应用。通过专利作价入股，可以有效消除投资方对技术成熟度以及产业化过程中继续进行技术投入的顾虑。以资本为纽带，加强了技术与资本、技术与市场的结合。

（2）专利许可。专利许可是指专利所有人与被许可人签订实施许可合同，缴纳一定的专利许可费后获得专利的实施权，但并不发生所有权的转让。专利许可的优点在于专利权人可以在获得金钱收益的同时继续保有专利权。专利许可的具体方式可分为独占许可、排他许可、普通许可、开放许可、分许可等。其中，独占许可相较于其他专利许可方式的许可费用高得多。

（3）专利转让。专利转让是指专利所有权人将所有权转让给他人，通过专利的交易将收益与风险完全转让至受让人。专利转让的特点是交易双方的界限清晰，风险较小。专利权转让亦是科研成果转化时的常规选择，即将学校的专利权直接转让给企业，双方签订专利转让协议。转让相较于独占许可更为彻底，专利转让后学校对该专利将不再有任何处置权。对于企业而言，专利转让的方式一次性解决了专利技术的权属性问题。

另外，需要特别注意的是，不管是技术入股、专利许可抑或是专利转让，均关乎专利权，但实践中一般还需要在合同中约定该专利所涉商业秘密的处理方式。专利与商业秘密属于两种不同的技术保护方式。如果该科研成果不属于专利法保护的客体、创造性高度不够或者公开后难以通过反向工程破解的技术方案，宜通过商业秘密保护。因此，并非所有科研成果均是通过专利保护，此时需要注意与该专利技术密切相关的商业秘密也要一同转让。虞将苗教授的案例本身存在着一个得天独厚的条件，即虞将苗教授本人是该专利技术和技术秘密的持有人，同时也是华运通达的掌舵人。故从华南理工大学转让获得的专利权，相关的商业秘密自然会一同应用到华运通达的技术和产品中，实现无缝衔接，避免了因转移专利权却被技术秘密"卡脖子"的问题。

2. 科技项目如何利用专利吸引投资人

近年来，硬科技越来越受到投资人青睐，人工智能、半导体、信息技术位于占比最高的三个行业，生物技术和智能制造行业占比也都超过10%，显示出较高的市场热度。作为科技项目的创始团队，如何向投资人展示自己的项目特色？知识产权是证明创新能力的重要手段，科研团队可以通过申请专利、注册商标、注册版权以及参加创新竞赛等方式证明在相关领域具有卓越的创新能力。上文提及的两个团队均是通过申请专利的方式证明了自身的创新实力。专利权具有排他性，企业可围绕某项技术布局大量专利以形成有效的技术壁垒，抢占市场先机。因此，在向投资人展示科技项目之前，应从以下几个方面着手准备：

（1）专利从数量走向质量。较多的专利数量，可以证明团队的创新实力，建立起项目的竞争壁垒，增强投资人的信心；较好的专利质量，可以证明团队的技术创新能力、市场竞争力与无形资产的管理能力，从侧面可以佐证团队的创业理念，也是吸引投资人的优点之一。对于科研团队而言，在拥有了一定数量的专利资源作为竞争筹码之后，需要控制专利的质量。而专利质量的控制主要是指专利的筛选，即评价技术可专利性，决定哪些技术拿来申请专利、哪些技术优先申请专利。不仅能够节约申请和维持专利的成本，而且能让投资人看到专利的投资前景。

（2）做好专利与产品之间的关联展示。专利反映的是一项技术方案，并且是一项具体的、通常也是细节化的技术。专利申请所针对的往往是产品中的某一个具体技术/部件/架构。从专利的角度分析，专利与产品之间是多对一的关系，即多个专利指向同一个产品，或者说一个产品可以包含多项专利。产品与专利之间很可能会形成一个庞大、复杂并且互相交叉的对应关系网，作为专利管理的一种手段，将专利与产品建立起映射关系便于管理上的方便与清晰。同时，专利与产品的对应关系网能够让企业的专利人员和研发人员以及投资人直观地从产品上了解现有的专利情况。

（3）做好专利技术比对工作。投资人选赛道、选项目、选团队，本质上还是在优中择优。知己知彼，才能百战不殆。通过对竞争对手进行专利分析，可以了解本领域的主要竞争对手，以及竞争对手的技术优势、专利战略、技术实力、技术规划策略、市场规划策略和专利处境等方面的信息。分析的流程和主要内容主要包括竞争对手的确定、分析框架的构建、数据检索与分类、数据加工与分析、撰写对比报告、问题的反馈和修改等。

（4）做好专利相关的奖项申报，以社会、国家认可的荣誉作为信用背书。近年来，为了鼓励科技创新，国家及地方设有各类专利奖项、赛事，如中国专利奖、广东省专利奖等。中国专利奖作为目前中国专利最高奖项与荣誉，是国家知识产权领域的最高荣誉。获奖团队可以将获奖荣誉用于宣传，提升声誉进而推广自身团队形象，增强行业竞争力进而吸引更多的投资和合作机会。

08
第八章
立白商标保卫战，维权之路"拨云见日"

走进立白集团（图8-1），映入眼帘的是琳琅满目的产品陈列，它们不仅丰富了消费者的选择，更见证了立白产品从诞生到不断升级迭代的精彩历程。立白集团以"健康幸福每一家"为品牌愿景，致力于为消费者提供更绿色、更健康、更高品质的产品。2019年12月，国家知识产权局公布的《2019年度国家知识产权优势企业名单》中，广州立白企业集团荣获"2019年国家知识产权优势企业"称号，这不仅是对立白集团技术实力的认可，也是对其在知识产权领域不懈努力的肯定。从最初仅拥有一个注册商标的OEM[①]公司起步，到如今成为日化行业的领军企业，立白集团的飞跃式发展离不开其积极的知识产权保护战略和深入人心的商标品牌建设。

[①] OEM（Original Equipment Manufacture）是指境内企业根据委托定作方的要求，为其生产加工产品，并将特定商标贴于该产品之后交付给委托定作方，而后委托定作方根据约定向加工方支付加工费用的一种贸易方式。

图 8-1　立白集团外景图

第一节　山寨"立白"防不胜防

商标是企业的标识，融合了企业技术创新、质量管控、商业模式以及企业文化等众多元素，是企业重要的知识产权之一。立白作为全国著名的洗涤用品品牌，产品涵盖香皂、牙膏、洗衣粉、洗洁精、消杀类等八大日化领域，500多个产品品种，包括大众耳熟能详的好爸爸、超威、威王、六必治等，其品牌影响力已深入千家万户。

20世纪90年代，乘着中国改革开放的春风，全球日化领域里的双雄——"联合利华公司"与"宝洁公司"入驻中国市场，而本土日化企业浪奇、汰渍、碧浪等亦纷纷加入市场竞争的浪潮。广东作为日化企业的聚集地，见证了立白集团的一路

第八章
立白商标保卫战，维权之路"拨云见日"

成长。1994年4月，立白创始人陈凯旋注册成立广州市立白洗涤用品有限公司（现为广州立白企业集团有限公司）。在创业初期，陈凯旋凭借其超前的知识产权意识申请注册了立白商标，并励志实现"世界名牌，百年立白"的宏愿。为了打开自家企业产品的销路，陈凯旋与产能闲置的中小型日化国企——广东洗涤用品厂合作，作为立白的OEM。陈凯旋以订货的形式，委托其生产洗衣粉，贴上"立白"的品牌标签到市场上销售。有了稳定的供货渠道后，陈凯旋采取"农村包围城市"的战略，逐渐在潮汕地区站稳了脚跟。为了扩大市场份额，陈凯旋创立"专销商制度"，即鼓励亲朋好友加入，一经筛选通过，便可成为立白的经销商。立白将一个区域的经销代理权给予一位经销商，但这位经销商只能销售立白的产品，且每次交易只能现场结算。1997年，日化行业的三角债危机爆发，全国众多日化企业销声匿迹，立白凭借"专销商制度"屹立不倒，颇有横扫千军的架势。1998年，广州立白企业集团有限公司成立。仅凭三年时间，立白颠覆了广东洗衣粉市场的格局，实现广东省销量第一，年销售洗衣粉7万吨，销售额逆势突破10亿元，一跃成为华南地区最大的民族日化企业。[①]

在积累一定的资金后，陈凯旋便琢磨着建立工厂，而如何生产出一款与众不同的洗衣粉成为打造品牌核心竞争力的关键。通过调研，陈凯旋发现农村妇女在洗衣服时双手会因洗衣粉吸水发热而变得通红，立白集团的产品研发团队由此研发了一款"不发烫的洗衣粉"，继而通过广告效应推向全国。别出

---

① 正和岛. 25年，从0到200亿！立白陈凯旋罕见自述：我的8条人生理念[EB/OL].（2019-08-24）[2023-11-17]. https://www.sohu.com/a/336098707_378279.

心裁的广告设计与产品功能很快就俘获了"妈妈们"的芳心,"不伤手的立白"成为家喻户晓的广告语。2002年以后,陈凯旋创立了超威品牌,收购了"蓝天""奥妮"以及"高资"等品牌,其提出的"大日化、多品牌"的战略成功实现(图8-2)。如今,根据国际权威的AC尼尔森数据,立白洗衣粉全国市场份额占比为25%,全国有近1/4的家庭都在使用立白洗衣粉;立白洗洁精全国市场份额占比为41%,全国每卖2.5瓶洗洁精就有一瓶是立白的。

图8-2 立白集团产品展厅

立白产品在市场上迅猛发展的同时,山寨产品肆虐的困扰也接踵而至,有些仿品甚至达到以假乱真的地步,因此而产生的消费者投诉量也骤然攀升。2023年2月,中国消费者协会发布的《2022年全国消协组织受理投诉情况分析》显示,国内商品大类消费投诉中,日用商品类稳居第二(图8-3)。表8-1数据显示,日用商品类的投诉比重仅比排名第一的家用电子电器

第八章
立白商标保卫战,维权之路"拨云见日"

类少 402 件,2021—2022 年的投诉比重变化最大,超过 1%。"高仿"日用品充斥市场,立白产品也深受其害。面对山寨立白,不少国人的态度往往是"算了""罢了"。国人对山寨产品的宽容成为纵容山寨产品快速生长的"温床"。只要有新产品走红,山寨产品就会迅速生产,直至消费者无可奈何、不得不接受。之后,山寨企业就如同群豸一般,不断去寻找新的仿冒对象。2018 年,中国青年报社社会调查中心联合问卷网对 2012 名受访者进行的一项调查显示,81.7% 的受访者遇到过"山寨店"。如果在"山寨店"买到了假冒商品或服务,45.6% 的受访者表示会维权,16.4% 的受访者坦言不会,38.0% 的受访者表示会视情况而定。这一数据表明,中国消费者协会收到的关于日用商品类的投诉仅仅是冰山一角而已。

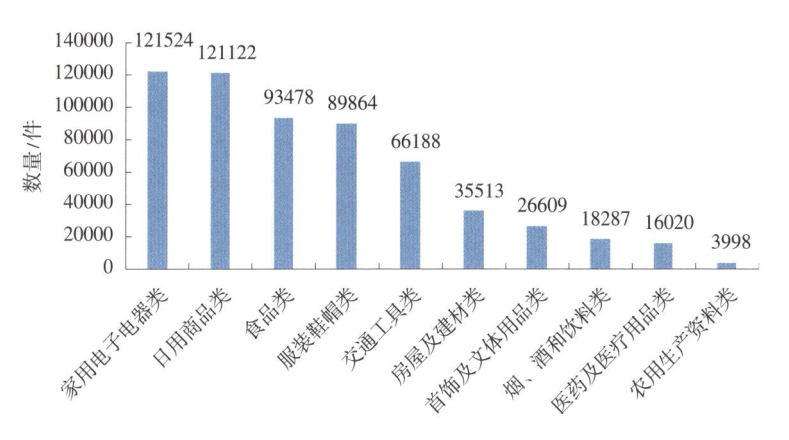

图 8-3 商品细分领域投诉前十位

资料来源:中国消费者协会网站。

表 8-1 商品大类投诉变化

商品大类	2022 年/件	投诉比重/%	2021 年/件	投诉比重/%	比重变化/%
家用电子电器类	121524	10.55	108421	10.38	0.17
日用商品类	121122	10.51	89073	8.52	1.99
食品类	93478	8.12	77031	7.40	0.72
服装鞋帽类	89864	7.80	74242	7.11	0.69
交通工具类	66188	5.75	59077	5.65	0.10
房屋及建材类	35513	3.08	33328	3.19	0.11
首饰及文体用品类	26609	2.31	21692	2.08	0.23
烟、酒和饮料类	18287	1.59	15062	1.44	0.15
医药及医疗用品类	16020	1.39	9849	0.94	0.45
农用生产资料类	3998	0.35	2995	0.29	0.06

"山寨立白"通常以高度相似的包装、迷惑性较强的标识、广告词等吸引消费者，达到"以假乱真"的效果。立白的全效馨香洗衣液推出市场后，迅速有大量厂家仿造了该洗衣液的外包装，并在互联网平台上销售。如"立日"洗衣液的包装与立白相似，其参考了立白过往包装的色彩以及盖子的结构，连同包装上的玫瑰花朵形状也极为相近，一般消费者在不细看的情况下，极难分辨出产品的真伪，而实际上"立日"是用蝴蝶图样巧妙装饰了立白商标中的一撇，而"立日"本身也不一定是注册商标。除了"立日"洗衣液，还有"文白"洗衣粉。"文

第八章
立白商标保卫战，维权之路"拨云见日"

白"标识使用的字体与立白相同，其中"文"字扭曲度较高，达到了与"立"字相似的程度，其包装装潢采用白底红字、蓝色波浪图案，与立白的包装装潢也极为相似。"山寨立白"抓准了消费者"乍一看"的感觉，有意误导消费者。然而，消费者所购买的山寨立白产品参差不齐，质量难有保障，导致立白集团的名誉遭受很大损害。因此，立白集团十分注重品牌商标的保护。

立白集团是如何发现这些侵权产品的呢？立白法律事务部副总监盛丽君表示，立白法律事务部的日常工作之一就是到线上、线下寻找侵权产品，这款"立日"洗衣液侵权产品是偶然在电商平台上发现的，立白集团立即采取公正购买的措施，在购买了该款产品后辨别是属于侵权产品。为了验证侵权产品与立白正品在成分、效果上的区别，立白集团将两款产品送往专业检测机构进行对比分析。检测的项目为总活性物含量与规定污物去除率，样品 A 和 B 分别为立白正品与立白仿品。样品 A 的总活性物含量为 17.9%，而样品 B 的总活性物含量为 3.2%；样品 A 的规定污物去除率大于标准洗衣液，而样品 B 的规定污物去除率小于标准洗衣液。从检测结果不难看出，样品 A 和 B 的去污能力存在明显差距。但由于二者的产品包装极为相似，容易造成消费者对山寨立白产品的误认误购。消费者对于山寨立白产品使用体验并不理想，进而大大降低了对立白品牌的信任。为保护品牌核心竞争力与市场影响力，立白集团开启了一场商标品牌保卫战。

立白法律事务部在发现山寨立白后立即采取相关措施。作为商标权人，首先，立白集团向电商平台发起投诉，要求商家下架该款山寨产品并停止侵权行为。其次，通过时间戳①或公证购买的方式固定相关证据，并向当地法院提起诉讼。最终，法院认定对方的制造、销售等行为的确构成商标侵权，从而需要承担相应的法律责任。表8-2数据显示，2020年有关机关查处立白相关侵权案件超过300起，查处假冒侵权产品超5万件。立白不光在线下"打假"，在线上也加大了对其品牌商品保护的力度。据统计，2020年立白相关侵权诉讼案件66件，追回赔偿金122万元；2021年侵权诉讼案件72件，追回赔偿金188.5万元；2022年侵权诉讼案件40件，追回赔偿金100.3万元。

表8-2 2020—2022年度立白知识产权保护情况

（单位：件）

年份	2020	2021	2022
侵权案件数量	330	260	123
侵权产品数量	50752	34780	30211
侵权诉讼数量	66	72	40

从表8-2数据不难看出，立白在维护自己品牌方面取得了很好的成效，无论是侵权案件数量或是侵权产品数量均呈现逐年降低的趋势。那么，立白在品牌保护方面做了哪些工作？立白集团市场维权科资深高级专员姚元选表示，立白集团自成立以来十分重视品牌保护，在创业初期便树立了知识产权保护意识。立白集团成立了一个专职的维权队伍，专门负责立白品牌

---

① 可信时间戳是联合信任时间戳服务中心签发的一个电子证书，用于证明电子数据在一个时间点已经存在且内容保持完整、未被更改，其核心是通过将用户电子数据的哈希值和权威时间源绑定提供司法待证事实信息和客观存证功能。

的保护。随着企业发展与市场经济的变化,立白集团也强化了品牌的线上保护力度,建立了电商平台沟通渠道,同时,立白集团联合专业维权机构开展线上维权活动。立白集团不仅有内部的维权队伍,也与外部的律师事务所、知识产权服务机构等建立合作关系,由他们为立白集团提供维权服务。

那么,知识产权维权存在哪些难点?第一,侵权取证难。一旦侵权者有所察觉,便难以购买货品用来鉴定。第二,假货溯源难。假货流入市场后呈现分散式流转,导致无法对假货追根溯源。同时,制假售假的链条逐渐隐秘,仓储窝点难以找寻,追踪、调查难度大。第三,地方保护主义导致维权进展缓慢。部分地方政府对于假冒伪劣现象睁一只眼闭一只眼,许多打假治劣的行动难以正常开展。第四,维权成本高。在知识产权打假维权的过程中,需要持续不断地投入人力、物力等,但中小微企业的维权预算有限,且整个诉讼时段较长,短则三两月,长则好几年,维权之路困难重重。近年来,电商平台发展迅速,线下打假不仅难追踪,而且难执行。因此,如果仅靠立白集团的自身力量去做好品牌维权工作就显得非常单薄,这也是立白集团选择与外部企业合作的原因之一。另外,政企合作打击侵权假冒违法行为也是立白集团的维权方式之一。一方面,执法人员主动与立白集团联系开展打假活动。例如,田家庵区市场监管局联系上立白集团开展政企联手打假行动,深入田家庵区内5家批发窝点和多家经销商开展集中检查,查获涉嫌侵犯"立白"注册商标专用权洗衣粉252袋。另一方面,政府部门通过接收立白集团维权团队的举报,共同开展打假活动。例如,江华县工商局接到立白集团的打假人员举报,称在大圩、小圩镇有假冒立白洗衣粉销售，请求工商部门打假。接诉后，工商执法人员当即会同该公司打假人员在辖区内迅速开展打假行动。在立白集团专业人员的协助下，工商部门当场查获暂扣涉嫌假冒立白洗衣粉400余千克，货值近6000元。

第二节 天下苦山寨久矣，如何避开"山寨立白"

作为普通消费者，当遇上附有假冒商标的"立白"产品，应当如何辨别手中的产品是否为正品呢？可以通过以下三大方面分辨真假。首先，消费者应尽量从正规的线下渠道购买产品，如商场、超市等。而线上渠道如淘宝、京东与抖音等电商平台则最好选择有企业官方授权的店铺进行购买。其次，消费者在拿到一款产品后，需要注意查验产品中文标识的信息是否完整，包括企业的信息、投诉电话与生产厂家等。同时，还可以从包装上区分产品真伪。以立白的袋装洗衣粉为例，正版洗衣粉外包装袋柔软度较好，包装袋的图案、字体印刷清晰，无错版及油墨污染现象；包装袋的两头封口处封至顶部，锯齿呈现椭圆形，封口处的线条呈现波浪形状。而山寨立白的包装袋手感较硬，包装的印刷质量低劣，存在错版及油墨污染现象；包装袋两端封口未封到顶，预留有2~3mm，两头的锯齿较为尖利，封口处的线条倾向于直线。最后，消费者可以通过具体使用情况分辨山寨产品。一是从外观上区分。正版洗衣粉在打开包装袋时往往伴随着清香气味，粉末呈空心颗粒状，装袋蓬松饱满，

第八章
立白商标保卫战，维权之路"拨云见日"

触感顺滑蓬松，颜色纯正，颗粒分布均匀。而山寨立白洗衣粉有明显的刺鼻味道，粉夹杂粗颗粒或硬结块，装袋的空隙较大，手感晦涩，粉颜色灰黄。二是从效果上区分。正版洗衣粉放入水中后溶解快，手触溶液无烧手感，溶液清而滑爽，发泡量多，去污力明显。而山寨立白洗衣粉放入水中溶解速度较慢，水溶液浑浊，盆底装有沉淀物，手触溶液有烧手感，泡沫量少，去污力较差。[①]

第三节　从容迎战

根据立白集团维权团队多年的经验，就假冒立白商品的手法而言，主要分为三种。第一种是伪造，直接照抄照搬，外观上与正品毫无差别，将立白商标以及产品的包装不加改动地附着在假冒商品上，这种是最为明目张胆的抄袭。第二种是在立白商标的基础上进行细微改动。例如，多一笔变成"立自"或少一笔变成"立日"。这类商品通过混淆视觉进行销售。而第三种是虽然商标不同，但是完全照搬了立白的包装设计，即侵犯外观设计专利权或包装装潢权。

实际上，不同的发展阶段会出现不同的侵权形式。在早期，侵权产品无论是印刷还是制造都比较粗糙，此时的侵权产品完全是假冒的，套上立白的包装就直接上货架，也即对应第一种

[①] 何泳. 深圳查获一批假冒伪劣"立白"洗衣粉　几招教你分辨真假！［EB/OL］. （2022-11-08）［2023-11-17］. https://www.zgdjw.com/index.php?c=article&id=5044.

侵权手法。但近期山寨立白的仿冒手法升级，更多的是在包装装潢方面花心思，采用与立白产品相同或近似的包装，涉及外观设计专利侵权的问题。如果消费者没有很强的辨识能力，就容易把山寨立白与正版立白混淆。

山寨产品的出现对于商标品牌的伤害无疑是巨大的。不仅会导致商品销量的下滑，还会降低消费者对品牌的信任。因此，在积极维权的同时，立白集团也做了大量工作，不断加强自身商标保护。通常大众认为立白就是一个品牌，事实上立白集团区分了重点商标、小众商标与防御性商标。在日常工作中，立白集团重点监控立白、好爸爸等国内商标，海外商标的监控主要是立白集团在海外布局的重点商标如 liby 等。一旦监测到侵权行为，立白集团会及时采取提出商标异议或是提请宣告商标无效等措施，以保护立白的知识产权利益。例如，在 2016 年"碧白"商标无效宣告案中，立白集团胜诉。争议商标与立白集团在先注册的第 4291711 号"立白 LIBY"商标、第 3241669 号"立白"商标构成在同一种或类似商品上的近似商标，且对方存在明显恶意模仿的行为，表现在其同时申请了"雕鹰""新太渍霸""特大榄菊""立臼"等商标。最终，商标评审委员会对"碧白"作出无效宣告的决定。

第四节 百炼成金

"蹭名牌"等山寨行为严重损害了消费者的合法权益，对良好营商环境造成了巨大影响。从企业发展角度看，山寨产品对

第八章
立白商标保卫战，维权之路"拨云见日"

企业产生了哪些影响？广东省法学会副会长董宜东律师表示，山寨产品对企业的影响主要体现在两个方面。一个方面是山寨产品对于消费者的损害。由于山寨产品没有经过规定的技术检测，无法获知其是否达到国家或行业制定的质量标准，其安全性无法得到保障，消费者购买使用后可能会产生一些安全隐患，如接触到有毒、危险的化学物质等，难以享受到高品质的商品与服务。另一个方面是山寨产品对于品牌企业的损害。品牌企业为品牌投入了大量的金钱、技术与时间，而山寨产品在市场上浑水摸鱼，不仅影响品牌企业的产品销量，而且对品牌产生较大的负面影响。商标是品牌信誉的载体，假冒伪劣产品的存在会降低品牌的形象和信誉。消费者对于品牌质量的第一印象尤为重要，在购买假冒伪劣产品后，如果未能达到其预期的产品效果，就会大大降低对该品牌的信任度。一旦这些负面印象在消费者之间传播，就会影响品牌的市场表现与销售业绩，进而对品牌的市场份额产生影响。当消费者购买到假冒伪劣产品后，可能会转向其他品牌或是直接选择不再购买该产品。山寨产品既影响消费者的利益，也损害品牌方的利益，甚至可能影响到整个市场经济秩序。仿冒之风盛行，将会严重损害社会的创新创业环境。任何创造、创新离不开时间、金钱与智力的持续投入，试想一下，如果一款新产品刚获得市场认可便被仿冒产品"围猎"，那么将会导致"劣币驱逐良币"的不良市场秩序。

从企业经营发展的角度而言，维护品牌对于企业的经营发展意义重大。商标与品牌相当于是一个问题的两个方面。品牌从市场的角度来看，是通过经营活动使消费者得到有质量的产品体验和服务后,产生的有差别的内在印象;而商标从法律的角度来看,是商标标志与商标标志所蕴含的信息(商品商誉)的统一体、混合物。从法律的角度而言,商标品牌是企业的知识产权,属于企业的一项无形财产。但从财产的角度而言,无形财产与有形财产是相同的,企业对于自家的商标品牌拥有相同的占有、使用、收益与处分权利。从市场的角度而言,商标品牌的意义可体现在三大方面。

第一,商标品牌是企业所有有形、无形的投入凝结体。企业求生存,谋发展,离不开企业背后的经营策划。例如,为了降低产品的售价,企业会不断降低产品的生产成本;为了让消费者"主动买单",企业会不断创新产品的设计;为了让产品迅速家喻户晓,企业会不断投入大量宣传广告;为了增强消费者对产品的信心,企业会改善售后服务体系;为了让消费者对品牌产生情感依赖,企业会塑造良好的企业文化。虽然一款产品从研发到上市前,企业做了诸多准备工作,但实际上,当品牌产品推广到市场上时,消费者最容易记住的就是品牌。因此,企业所有的工作最终都会凝结在其商标品牌上。

第二,商标品牌是企业最核心的资产或最重要的要素。对于不同的企业而言,不同的构成要素在企业中扮演的角色不同。强有力的技术研发团队可能是企业的核心部门,能够设计出最新颖的产品;有的企业认为灵活的网络推广团队最重要,能够随时随地对企业的品牌进行推广;有的企业销售团队能够为企业带来业绩,是前锋部队。但实际上,如果没有商标品牌,那么企业所作的一切努力将归零。

第三,做企业就是要做品牌,商标品牌是企业发展的终极

第八章
立白商标保卫战，维权之路"拨云见日"

目标。当企业的商品品牌走向市场，消费者喜欢它、依赖它、信任它，此时企业才算是迈向了成功的台阶。因此，商标品牌就是企业的生命，没有商标品牌企业将寸步难行，这就是商标品牌对企业的一个重要作用。

近年来，我国在大力提倡尊重知识产权、保护知识产权的同时，对于山寨产品的打击力度也是空前的。这种营商环境对于生产山寨产品的企业而言，他们将面临较大的风险。一是市场上的风险。消费者对于知识产权的认识越来越清晰，对于产品质量的要求也越来越高，山寨产品越来越没有市场空间。二是山寨企业面临一定的法律责任。企业所制造的山寨产品侵犯他人相同或近似的商标，可能构成商标侵权，需要承担相应的责任。如果使用他人具有一定影响的企业名称、商品包装、装潢等均可能构成不正当竞争，也即成为一种违法行为。当山寨企业达到违反法律规定的程度时，则需要承担相应的法律责任。法律责任的种类包括民事责任、行政责任与刑事责任。我国出台的《刑法》《民法典》《商标法》《专利法》《著作权法》《反不正当竞争法》等法律法规文件，以及颁布的《国家知识产权战略纲要》，均对知识产权保护进行了明确的规定。就民事责任而言，需要承担的责任包括停止侵害、赔礼道歉与赔偿损失等。近几年，国家对于知识产权侵权行为的打击力度越来越大，对于赔偿数额的认定也越来越高。当恶意侵权的情节比较严重时，法律规定可适用惩罚性赔偿，赔偿金额较高。[①] 就行政责任而言，包括停止侵权、没收与罚款。当山寨企业的行为构成商标

---

① 《专利法》第71条规定，……对故意侵犯专利权，情节严重的，可以在按照上述方法确定数额的一倍以上五倍以下确定赔偿数额……。

侵权、不正当竞争或其他侵犯他人知识产权的行为时，不仅需要停止侵权行为，还有可能被没收、销毁侵权产品以及用于制造侵权产品的相关工具等。就刑事责任而言，当企业的违法行为达到了我国《刑法》所规定的犯罪构成要件时，可能还会被追究刑事责任，如假冒注册商标罪、非法制造商标标识罪等。因此，对于山寨企业来说，从事制造、销售山寨产品等行为所面临的风险是巨大的，也是得不偿失的。

如今是山寨"下沉"的时代，山寨产品在我国的生存空间越来越小。选择走山寨的道路是越走越窄，越来越没有路可走。董宜东律师认为，企业发展一定要重视品牌。一是要有自己的品牌；二是要管好、用好自己的品牌；三是要不断提高自己品牌的知名度。现实生活中，很多企业在商标品牌方面不够重视，认为品牌只要注册成为商标即可，但其实注册商标仅仅是企业品牌工作的第一步。注册商标后还需要做好管理仿冒的工作。

要管理好商标品牌，需要做好三个方面的工作。第一，成立商标品牌的管理部门，拥有相对固定的工作人员。第二，建立一套完善的、符合企业具体情况的商标品牌管理制度。第三，制定适合企业发展现状的商标品牌战略。商标品牌就是企业的生命，商标品牌战略应当定位为企业最高的商业战略，其余战略围绕着商标品牌战略开展。

立白的品牌保护故事是我国众多本土企业保护知识产权的缩影。随着经济全球化深入发展，世界进入商标品牌经济时代，拥有商标品牌的数量与质量体现了一个国家的经济实力和科技水平，发展品牌经济已经成为经济转型的重要抓手。近年来，广东省积极实施知识产权强国战略和创新驱动发展战略，深入实施商标品牌战略，在商标品牌培育和运用上持续发力，商标品牌发展指数连续两年位居全国第一，高效服务地方经济高质量发展，为实现中国由商标大国向商标强国的转变贡献广东力量。

第五节　知识点总结

1. 企业可以从哪些方面去判断自己的商标有没有可能被侵权

如果企业在市场上发现他人未经许可制造或使用与自己商标相同或近似的标识，可以从以下几个方面综合判断其是否构成侵权[①]：

（1）判断他人行为是否属于商标使用的行为。我国商标法意义上的商标使用是指将商标用于商品、商品包装或者容器以及商品交易文书上，或者将商标用于广告宣传、展览以及其他商业活动中，用于识别商品来源的行为。在商业活动中，商标使用主要通过三种形式。

一是将商标直接标注于商品/服务场所。其一，采取直接贴附、刻印等方式将商标附着在商品或其包装、容器上。其二，商标直接标注于服务场所，包括使用于服务的介绍手册、服务场所招牌、店堂装饰、工作人员服饰、招贴、菜单、价目表、

---

① 刘小鹏. 商标侵权案中商标使用的认定［J］. 中国审判，2021（15）：80-82.

奖券、办公文具、信笺以及其他与指定服务相关的用品上。其三，商标使用在与服务关联的文件资料上，包括发票、汇款单据、提供服务协议、维修维护证明等。其四，商标使用在销售或服务合同、票据、维修维护单等与商品销售或服务有关的交易文书上。例如，在第25类"衣服"商品上，商标通常贴附在商品或商品包装、吊牌上；在第43类"餐馆"等服务中，商标通常使用在服务场所的店外招牌、店内装饰、员工服装和物品上。

二是将商标间接使用于广告宣传、展览等商业活动。随着商标意识的普及，越来越多的经营者开始使用商标进行宣传推广，包括商标使用在广播、电视等媒体上，或是在公开发行的出版物中发布，以及以广告牌、邮寄广告或者其他广告方式为商标或者使用商标的服务进行的广告宣传，或是商标在展览会、博览会上使用，包括在展览会、博览会上提供的使用该商标的印刷品及其他资料。

三是"互联网+"时代下商标使用的新形式。伴随着电子商务的发展，商家的营销模式也有了新的变化。企业在官方网站、微信公众号等即时通信工具、抖音或快手等社交网络平台、手机App等应用程序、二维码等载体上使用商标用于宣传推广商品或服务。

（2）判断企业的商标权利状态是否稳定。一是商标专用权是否处于有效期限内以及商标到期后是否提交了续费申请。二是商标权是否具备争议性。注册商标一旦被宣告无效，那么其商标专用权自始不存在。

（3）判断商标是否相同或近似。商标近似的判定应从商标本身的形、音、义以及整体表现形式等方面，以相关公众的一般注意力为标准，采用隔离比对、整体比对、要部比对相结合的方法，判断商标标志本身是否相同或者近似。隔离比对是指在判定商标近似时，不能将商标并排放置进行比对，只能在隔离的状态下分别进行。整体比对是指应将两个商标进行整体的对比，不能以局部代替整体判断。要部比对是指应对比商标中显著识别的部分。而相关公众的一般注意力，可以理解为具有普通知识和经验的消费者，在购买商品或接受服务时对该商品或者服务施加的注意力。同时，还要考虑商标的知名度、显著性等因素。

（4）判断商品本身是否相同或类似。注册商标的使用与保护范围以核准注册的商标和核定使用的商品为限，故应将注册商标核定使用的商品和服务范围与涉嫌侵权的商品或服务之间进行比对以判断是否属于相同或类似的商品服务。除此之外，还需要判断是否有不构成侵权的抗辩理由，包括非商标性使用、合理使用（描述性使用、指示性使用）、在先使用等。一是非商标性使用，是指其使用不具有区分商品或服务来源的功能，不属于《商标法》第48条规定的商标性的使用。二是合理使用，包括描述性使用与指示性使用。描述性合理使用是指为了说明或者描述自己的商品或者服务而使用他人商标。如果争议标识中含有商品的通用名称、图形、型号，或表示商品的质量、主要原料、功能、用途、重量、数量及其他特点，或含有地名，则不构成侵害商标权。指示性合理使用是指使用他人的商标指示他人的商品或服务，以此来表示自己所提供商品或服务的内容或用途等。例如，汽车维修店在其店铺招牌上使用奔驰等商标以表明该店提供奔驰等品牌汽车的维修保养服务。三是在先使用,《商标法》第 59 条第 3 款规定,如果被控侵权方在商标注册人申请商标注册前,已经在同一种商品或类似商品上先于商标注册人使用被控侵权的商标,且有一定影响的,被控侵权方可以在原使用范围内继续使用该商标,不构成商标侵权,但为避免混淆,应当附加适当区别标识。

2. 企业在商标的使用中应注意哪些行为可能会造成侵权

企业在日常经营中应规范商标使用,重视对商标的全面使用、管理、排查,否则不仅可能丧失商标专用权,甚至会引起一系列的法律风险。商标在使用中可能存在的侵权行为分为以下几种情形:

(1) 商标的不规范使用。一是企业自行改变注册商标的结构及内容。如将商标文字、字母与图形等要素进行拆分、组合、变形等编排后另行使用的行为。二是企业自行改变商标的使用范围,包括商标使用主体以及核定使用商品范围的改变。例如,商标转让后,未经受让人许可,转让人仍继续使用的情形;企业分立、合并及更名后,商标权人在主体变化的情形下仍未对商标进行申请变更程序的情形;超出核定的商品或服务范围而使用该注册商标的情形以及擅自扩大、缩小核定使用的商品或服务项目名称的情形。

不规范使用商标存在哪些风险?一是可能面临行政处罚风险。根据《商标法》第 49 条的规定,如果不规范使用注册商标,首先面临的是被市场监督管理部门责令限期改正的处罚。二是可能面临注册商标被撤销的风险。注册商标一旦被撤销,权利人对注册商标享有的商标权将不再受到保护，企业无法再继续使用该商标。三是可能面临侵犯他人商标专用权的风险。如果注册商标权利人通过拆分、组合等方式自行改变注册商标，实际使用的标识可能与他人的注册商标相同。虽然没有改变注册商标的结构，但擅自改变商标的核定使用范围，可能与他人商标专用权的使用范围重合，从而构成商标侵权。

（2）将企业名称中的企业字号突出使用。例如，通过改变企业字号的字体、大小、颜色等方式以突出使用，可能与他人的商标构成相同的信息，从而构成商标侵权。[①]

（3）企业回收包装时没有抹去原标识。主要是指回收利用企业的回收包装上没有将原权利人的注册商标采取遮盖、消除的方式，或是采取的方式没有将语言标识从相关公众的视野中摘取，或是没有附加区别性的标识。如果语言标识在回收、再利用中未被有效遮蔽，将处于消费者视觉感知范围内，哪怕是已经标注了企业自己的商标，消费者仍可能误认为该商品与未被有效遮蔽标识的企业存在特定联系，从而影响该企业的商品信誉与品牌形象。因此，这种回收包装再利用的行为实际破坏了原商标的识别功能，容易导致消费者对商品的来源产生混淆，进而构成商标侵权行为。

3. 企业一旦遭遇知识产权侵权，维权途径有哪些

企业一旦遭遇知识产权侵权纠纷，应保持沉着冷静并积极

---

① 罗冠春. 商标小课堂上课啦！不规范使用注册商标存在哪些风险？［EB/OL］.（2023-08-23）［2023-11-18］. http://www.cnipr.com/xy/swzs/ipzs/202308/t20230823_252309.html.

应对，可以通过私力救济、行政裁决、司法诉讼、刑事诉讼、仲裁、调解、海关保护等途径进行维权；也可以寻找专业的机构和服务队伍，合理评估维权成本以及制定应对方案。还可以联系附近的知识产权保护中心、快速维权中心，上述机构是国家知识产权局联合地方政府，在各地设立的知识产权公益维权援助服务机构，面向广大创新主体提供知识产权公益维权服务。目前，广东已经建立了省、市、县三级知识产权维权援助工作体系，包括6家国家级知识产权保护中心、7家国家级知识产权快速维权中心。其中，广东省知识产权保护中心在省内设立了16家维权援助分中心、26个维权服务工作站，以及9支知识产权志愿服务队伍，广大企业可以根据地域就近获取有关公益维权服务。

（1）私力救济。私力救济即企业自行采取措施，要求涉嫌侵权方停止侵权的行为。可以委托律师向对方发送律师函或侵权警告函，也可以直接与对方当事人协商，要求停止侵权行为、赔偿损失、销毁侵权商品等。

（2）司法诉讼。司法诉讼具有国家强制力，法院的判决当事人必须严格执行。司法诉讼通常耗时长，成本高，却是最稳妥、最常用的手段。如果知识产权被侵害，企业应在第一时间收集、保留知识产权被他人侵害的证据，特别是注意收集侵权人恶意侵权的有关证据。如果担心证据灭失或以后难以取得，专利权人或者利害关系人可以在起诉前向人民法院申请保全证据。对于因侵权人行为或者其他原因导致判决有可能难以执行或者造成其他损害的，权利人或者利害关系人可以向法院申请临时禁令，由法院对侵权人的财产进行保全、责令其作出或者禁止其作出一定行为。

（3）刑事诉讼。刑事诉讼是指由遭受犯罪行为直接侵害的被害人提出，要求追究被控告人刑事责任的一种救济手段。对于商标侵权案件所涉侵权商品数量较大、金额较高、情节较恶劣的，可以向侵权行为所在地的公安部门举报投诉，要求对违法者予以立案追诉。经侦查机关侦查，对于符合公诉标准的案件由公诉机关移交审判机关审判，审判机关对被告人处以有期徒刑、罚金等刑事惩罚措施。我国《刑法》规定的知识产权犯罪包括假冒注册商标罪、销售假冒注册商标的商品罪、非法制造、销售非法制造的注册商标标识罪、假冒专利罪、侵犯著作权罪、销售侵权复制品罪、侵犯商业秘密罪。在前述犯罪中，情节严重的最高可判处七年有期徒刑。

（4）行政裁决。行政裁决具有准司法性质，在基本程序规范上与民事诉讼程序类似。行政救济，是指向行政主管机关投诉举报，向行政主管机关提供基本的投诉举报材料，要求行政主管机关对侵权行为进行行政处理。行政机关在介入知识产权侵权调查时，可责令侵权人停止侵权、对侵权行为进行调查取证、对侵权人进行罚款、协调侵权人与权利人的损失赔偿调解等。同时，行政部门认为当事人有可能转移与案件有关的物品而造成他人损失的，根据请求人的申请和担保，可以对与案件有关的物品采取封存、暂扣措施。其中，责令立即停止侵权行为是专利侵权纠纷行政裁决最主要的裁决权限。如果企业维权的最终目的是让对方停止侵权，便可以考虑这种方式。行政裁决相对于诉讼来说效率高、成本低，程序更为简便。

（5）仲裁。仲裁是指当事人之间根据订立的仲裁协议，自愿将其争议提交由非司法机构的仲裁员组成的仲裁庭进行裁决，并受该裁决约束的一种争议解决方式。仲裁相较于民事诉讼，争议双方须明确约定仲裁解决及解决纠纷的仲裁机构。仲裁具有程序简便、时间较快、一裁终局的特点，也具有强制执行力。一方当事人不履行的，另一方当事人可以依照民事诉讼法的有关规定，向人民法院申请执行。但一般情况下仲裁处理费较民事诉讼案件受理费高出许多，不利于权利人在侵权维权时的成本控制。

（6）调解。调解存在四种形式，包括法院主导的司法调解、行政机关主导的行政调解、仲裁机关主导的仲裁调解以及人民调解委员会主导的人民调解。调解在处理纠纷上具有一定的优越性，如人民调解的程序更加灵活简易，且纠纷处理更具有彻底性。当事人可以在调解过程中将纠纷涉及的请求同时提出，同步处理，减少新的纠纷发生，有利于节省司法以及社会资源。另外，调解达成后，当事人可以向人民法院申请进行司法确认，纠纷一方拒绝履行的，对方当事人可以向人民法院申请执行。

广东省知识产权保护中心设有广东知识产权纠纷人民调解委员会。近年来，广东知识产权纠纷人民调解委员会处理了大量的知识产权侵权纠纷，大多数案件在调解员的努力下达成了和解，其中更有部分当事人化敌为友，成为合作伙伴。调解作为一项具有中国特色的法律制度，是我国人民独创的化解矛盾、消除纷争的非诉讼纠纷解决方式，在争议解决中将发挥越来越重要的作用。

（7）海关保护。海关保护是指海关根据国家法律规定，对与进出口货物有关并受中华人民共和国法律、行政法规保护的商标专用权、著作权和与著作权有关的权利、专利权、奥林匹克标志、世博会标志实施的保护。企业可以选择两种知识产权海关保护备案方式。第一种是依申请。权利人发现侵权嫌疑货物即将进出口并要求海关予以扣留的，应当向货物进出境地海关提交申请书并提供担保，海关依法对有关货物实施扣留，并由权利人依法向人民法院提起诉讼。第二种是依职权。海关发现进出口货物涉嫌侵犯已备案知识产权的，通知权利人并由权利人申请扣留，由海关依法对货物实施扣留，对知识产权状况进行调查并依法作出行政处理决定。[①] 两种方式在维权成本上存在较大差异。依职权保护执法模式以备案为前提，权利人提交的担保金金额较少。而依申请保护执法模式不以备案为前提，权利人需提交与货物等值的担保金（表8-3）。

表8-3 知识产权海关保护方式的区别

类型	依申请保护	依职权保护
海关备案	不需要	需要
启动方式	权利人申请	海关主动实施
海关调查	非实质调查	实质调查
扣留时间	最长20个工作日	最长50个工作日
担保数额	相当于货物价值	上限10万元

4. 企业如何配合有关机关开展线上与线下打假

线下打假是指通过实地走访、调查等方式，收集造假证据

---

① 黄埔海关. 知识产权海关保护知多少 [EB/OL]. (2021-04-24) [2023-11-17]. https://mp.weixin.qq.com/s/QSoeL1ujgzZgMGANiJDcbA.

并开展打假活动。线下方式需要投入大量的人力、物力与时间成本，但可以获得更为准确的证据，对于一些复杂的侵权案件非常有效；线下打假通常需要深入市场进行调研，通过走访商家、超市、市场等地，收集侵权证据；线下打假的方式还需要具备专业的调查技能、知识以及良好的社交能力。线上打假是指通过网络监测、数据分析等方式，发现山寨产品并开展打假行为活动；线上打假方式借助大数据，能够快速挖掘侵权行为，但需要投入大量的技术与人力资源；线上打假方式通过制定监测方案，对目标网站、商家进行监测和分析，需要不断更新技术方案与监测方法，以应对不断变化的网络环境。①

首先，企业应建立专门的维权部门。维权团队可由律师、品牌管理人员与市场调查员组成。线下维权需要加强市场情况的监测与调研。划定重点区域，如农村地区的城乡接合部、商品批发市场、城乡集贸市场、农资经营集散地、种植养殖生产基地、超市等。加大调研力度，发现假货后及时调查取证。同时，企业也可以和行业协会、市场监督管理局等合作，共同打击假冒伪劣产品的生产和销售。

其次，为了便于后续维权，可以采取公证购买或网页公证的方式取证。公证购买是指购买涉嫌侵权产品的过程在公证员的见证下进行。公证购买包括现场公证购买与网页公证购买。现场公证购买一般是经过事先调查、知晓侵权门店具体信息后，在公证员的监督下购买侵权产品，并将整个购买过程进行证据

---

① 无忧无律打假公司. 品牌打假的方式有哪些［EB/OL］.（2023-08-03）［2023-11-17］. https://baijiahao.baidu.com/s?id=1773169566303719302&wfr=spider&for=pc.

保全，侵权产品一般会成为该案件固定被告侵权行为的核心证据。网页公证购买是指公证人员根据当事人的申请，采取拍照、摄像、记录等方式，如实对当事人网购的行为予以收存、固定、描述、监督的证明活动。网页公证购买包括购买公证、物流信息公证、取货公证三大环节，且整个购物过程需要公证员通过工作记录、屏幕截取、录像拍摄等手段予以固定，最后予以整理形成公证文书。公证购买的过程即可直接证明侵权方的销售行为，如果所购买的产品实物的标签/包装上带有生产者的名称、地址、商标等信息，就能进一步证明侵权方存在制造的侵权行为，但如果侵权方的经营范围不涉及制造、清加工，则企业主张其具有制造行为就难以得到支持。而网页公证是利用可信时间戳进行。时间戳作为一种新型公证技术，较之传统的公证方式具有成本低、易操作、效率高的优点。

最后，将已公证的产品送往取得检测资质的鉴定机构进行检验，取得检验报告并保存。例如，立白集团在公证购买获得山寨产品后立即送往检测机构取得其数据，从而证明山寨产品的效果与立白存在较大差别。

线上维权方式离不开与电商平台之间的沟通联系，大多电商平台均有知识产权投诉入口，链接大多设置于首页最上方或最下方的标题栏中。阿里巴巴成立了"阿里巴巴知识产权保护平台"[1]，统一受理淘宝、天猫、1688、全球速卖通、国际站和一达通等平台的知识产权投诉；京东的网站设立了"中文维权管理系统"[2]，用户在登录后可进行知识产权侵权投诉；苏宁易

---

[1] https://ipp.alibabagroup.com/.

[2] https://ipr.jd.com/edition.

购网页设有"知识产权举报"栏目①。企业在发现侵权产品的踪迹后，可进入上述网页进行举报投诉，其流程大致如下：第一，提供投诉人的身份证明。个人须提供身份证；企业须提供营业执照；代理人委托投诉的情形下须提交代理人身份主体证明与授权委托书。第二，提供专利证书等证明材料。投诉人需要证明专利等知识产权的权属以及是否处于有效期内。第三，提交侵权产品的链接以及投诉方的诉求。第四，平台将投诉材料转交给侵权方，也会将侵权方的申诉转交给投诉人。第五，平台根据提交资料判断是否采取行动。投诉人一旦投诉成功，相关链接就会被断开或者删除。②

---

① https://ipp.suning.com/sips//propertyPerson/index.action.
② 林志涛，郭金霞. 一文了解电子商务平台知识产权维权事宜［EB/OL］.（2019-05-14）［2023-11-17］. https://mp.weixin.qq.com/s/PySt7igjNcY__LisBOO31g.

09
第九章
启正电气：
练好知识产权保护的"铁布衫"功夫

在瞬息万变的市场洪流中，有一场看不见硝烟的战争——知识产权之战。佛山市启正电气有限公司（以下简称启正电气）凭借核心技术自主研发智能吊扇产品，从代工企业转型为拥有自主品牌的科技创新型企业，并逐渐在业界占据领先地位。公司成功应对了国内多起知识产权相关诉讼，破解了商标被接连提请无效的困境，为开辟海外市场打下坚实基础。就在启正电气成功进军美国市场并逐渐发展成为当地销量最大的智能吊扇品牌时，因展会而来的两封侵权警告信接踵而至。面对海外维权新挑战，启正电气积极进行专利比对分析，巧妙地将防守转为进攻，顺利化解了海外知识产权纠纷。本章故事生动展现了中小企业在知识产权保护道路上的坚韧与智慧，对每一个致力于自主创新的中小企业带来重要启示：保护知识产权，是捍卫企业核心竞争力的"真功夫"。

第一节　出海创业记

启正电气成立于 2008 年，致力于产品核心技术开发、精益制造与品牌营销，培育以技术、标准、品牌、质量、服务等为核心的企业发展优势，现已具备智能装饰吊扇灯与直流变频吊扇年产能 200 万台、年销售 150 万台的能力，其智能装饰吊扇灯、智能开关等产品入驻美国多个连锁商超销售平台并获得了消费者的广泛认可。

受 2008 年全球金融危机的影响，全球经济萎靡，启正电气也经历了国内百万订单突遭客户取消、库存积压过多、资金难以回笼的危机。面对价值上千万元的库存，启正电气的负责人张建生一筹莫展，他深知只有寻求海外市场，尽快将库存产品销售出海才是现下最佳出路。启正电气海外负责人阿雅只身前往南亚地区寻找销售渠道，并成功解决了库存积压的困境。这次危机的解除，展示了阿雅的市场天赋，也开启了阿雅与张建生的出海创业之路。

2010 年以后，阿雅与张建生积极调研和开发海外市场，他们将光照多、能源不充沛的地区列为启正电气的目标市场。2012 年，二人前往巴基斯坦、印度与孟加拉国等地深入调研市场需求后，将目标放在研发生产直流吊扇上。通过自主研发和技术改进，产品的性价比不断提升，其产品获得了市场的青睐，启正电气也得到了快速成长。在此期间，启正电气在东南亚设置了商品仓库并建立工厂，涵盖整机厂和各类零部件厂。在两三年时间里，启正

第九章
启正电气：练好知识产权保护的"铁布衫"功夫

电气实现年销售吊扇超 150 万台，占当地太阳能直流吊扇市场的七成份额，在东南亚市场占据了领先的地位。

为开拓新的商机，张建生开始谋划新的发展路线，目标为暂未涉足的南美与非洲。2017 年，阿雅开启了南美之行，中途在美国转机时，阿雅惊奇地发现美国吊扇市场欣欣向荣，而且是中国吊扇的最主要出口国，同时，美国也是全球最大的消费市场。于是，二人决定先认真了解美国行业市场的规则，为美国市场的开发做准备。在 2018 年 CES 上，谷歌等企业参会人员多次提及 Smart Home，即智能家居，其具有远程操控、语音识别功能，这与启正电气同类型的 Haiku 直流吊扇产品的理念非常相似。于是，二人决定转变产品的开发方向，以启正电气牌 smart 智能吊扇作为公司的主打产品。要想从市场中脱颖而出，就要以消费者的需求为出发点，设计出贴合社会需求的产品，最后明确定价。调研发现，美国很多家庭存在搬家较为频繁的现象，可能三五年便会换房子。张建生通过 Airbnb[①] 住进美国家庭中，研究美国当地居民针对包括太阳能吊扇在内的家电使用习惯，最终发现美国一台吊扇的安装费用比吊扇本身的价格要高。因此，启正电气的新产品设计要求用户可以自行安装，从而降低用户端的综合成本。

在美国建立渠道与品牌的过程中，启正电气非常注重知识产权的创造与保护。专利源于企业新产品的研发，启正电气的绝大部分专利已应用在企业产品或产品生产过程中，科研成果

---

① Airbnb 是 AirBed and Breakfast（Air-b-n-b）的缩写，中文名为爱彼迎。爱彼迎是一家联系旅游人士和家有空房出租的房主的服务型网站，为用户提供多样的住宿信息。

转化率较高。在专利方面①，启正电气国内累计申请专利共139项，目前有效专利共111项。其中，发明专利共16项，实用新型共73项，外观专利共50项。从专利的IPC分类号来看，F04D（非变容式泵）是启正电气最关注、最专注的技术领域，如F04D29/00（零件、部件或附件）、F04D25/00（专门适用于弹性流体的泵送装置或系统）与F04D27/00（专门适用于弹性流体的泵、泵送装置或系统的控制，例如调节）等，其授权量占总授权量的1/4。除"F04D（非变容式泵）"之外，启正电气在H02K（电机）、F21V（照明装置或其系统的功能特征或零部件，不包含在其他类目中的照明装置和其他物品的结构组合物）与H05B（电热，其他类目不包含的电照明）等技术领域也有部分专利申请。同时，启正电气也在积极开展海外专利布局。启正电气在美国申请专利共19项，目前美国有效专利共18项。在商标方面，启正电气累计申请注册国内商标共58项，目前拥有有效注册商标共43项。此外，启正电气在美国、欧盟、澳大利亚、英国等全球11个国家和地区共申请注册商标45项，目前通过审核颁证的商标共28项。

从市场调研、产品研发、知识产权布局与保护到市场销售，启正电气每一步都稳扎稳打。几年间，启正电气在美国加利福尼亚州与得克萨斯州建立仓库，创办了自己的平台，现该平台已拥有278个SKU②。2023年9月，阿雅与张建生在美国加利福

---

① 本章检索数据来源于粤港澳知识产权大数据综合服务平台，数据统计时间为2023年12月31日。
② SKU（Stock Keeping Unit）是库存管理系统的重要概念，用于唯一标识一个产品或商品的特定属性，SKU能够方便卖家管理库存，及时掌握商品库存情况。

第九章
启正电气：练好知识产权保护的"铁布衫"功夫

尼亚州建立了一个 2000 平方米的线下体验店并即将开业，该体验店旨在将更多中国的家居产品带到美国市场。

第二节 屋漏偏逢连夜雨

2017 年，启正电气向广州知识产权法院提起诉讼，主张某山公司在阿里巴巴网站开设店铺所销售的"56 寸直流吊扇带遥控 DC Ceiling Fans 56 inch（rechargeable fan）"侵犯其"吊扇"的外观设计专利权（图 9-1），要求判令某山公司停止许诺销售侵害启正电气专利权的产品，删除含有被诉侵权产品图片的网页链接，并赔偿启正电气经济损失等相关费用 3 万元。某山公司确认被诉侵权产品确由其许诺销售，但提出现有设计抗辩，即某山公司在本案专利申请日前已在其阿里巴巴（国际站）网店销售与本案专利设计相同的产品，并主张以该产品的最早销售记录为现有设计公开时间。一审法院认为，某山公司的阿里巴巴（国际站）网店中，不同产品的历史销售记录显示的销售时间均相同，即点击查询单个产品的历史销售记录，其显示结果并非该产品的历史销售记录，而是该网站中所有产品的历史销售记录，故无法通过该网站中显示的产品销售记录来确定前述设计的具体公开时间，该证据未达到"待证事实的存在具有高度可能性"的民事证明标准，故某山公司现有设计抗辩不成立。二审法院认为，该公证书所示交易详情网页显示并非只针对某一产品的具体交易记录，某山公司主张的最早交易记录无法确定、唯一地对应对比设计产品，无法依该交易记录时间认定对比设计公开时间，故维持一审法院判决。

图9-1 "吊扇"外观设计专利附图

某山公司在败诉后再次发生了侵害启正电气实用新型专利的行为。2018年，启正电气向广州知识产权法院提起诉讼，要求判定某山公司立即停止实施侵害该专利权的行为，包括停止制造、销售"电机转子"，销毁库存侵权产品及生产侵权产品的专用模具并赔偿启正电气经济损失等相关费用100万元。诉讼期间，有第三人针对该专利提出了无效宣告请求，国家知识产权局于2018年8月31日出具的无效宣告请求审查决定书显示，专利复审委员会宣告原告专利部分无效，继续维持权利要求1~8项有效。虽然该专利被部分无效，但某山公司的产品技术特征依然落在启正电气该项专利权利要求1~8项的保护范围内，构成专利侵权。最终，某山公司提出了合法来源抗辩，其所提交的购销合同、销售出库单与付款凭证等证据能够形成完整的证据链，故某山公司产品构成对启正电气专利权的侵犯，但可以免于承担赔偿责任。

就在"一种高强度贴合的电机转子"专利（图9-2）被宣告部分无效的同时，启正电气在商标方面也遇到了棘手的问题。启正电气发现某山公司产品所使用的商标与其相同，并立即向中山市工商行政管理局①投诉，中山市工商行政管理局对某山公司进行了执法检查。执法过程中，工作人员发现某山公司库存的风扇、包装箱、包装盒、电路板等均使用了启正电气在第11类的注册商标"carro"，因此，中山市工商行政管理局向某山公司作出行政处罚决定。因某山公司并未停止其侵权行为，启正电气对某山公司提起商标侵权诉讼。法院认为，某山公司未经商标注册人的许可，在同类商品上使用与启正电气注册商标相同的商标，其行为构成对启正电气注册商标专用权的侵犯。同时，涉案网站上展示的产品外包装上仍印有"carro"标识，某山公司构成重复侵权。至此，启正电气与某山公司之间围绕商标权的战争拉开序幕。

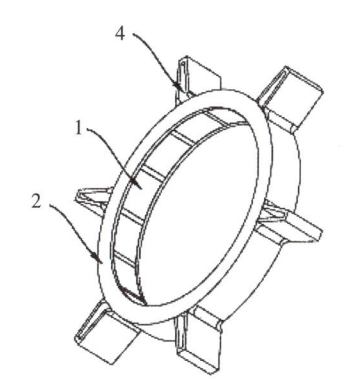

图 9-2 "一种高强度贴合的电机转子"实用新型专利附图

一方面，某山公司通过商标检索发现了注册商标"CAR-ROO"，该商标的申请日早于启正电气的"carro"商标，某山公司立即通过受让的方式获得了"CARROO"商标专用权。随后，

---

① 2018年机构改革后，工商行政管理局及其有关职能被纳入市场监督管理局。

某山公司分别于 2017 年、2019 年以启正公司商标"carro"和"carroFan"与其所拥有的"CARROO"商标构成近似商标为由，请求商标评审委员会宣告注册商标"carro"和"carroFan"无效（表 9-1、表 9-2）。国家工商行政管理总局商标评审委员会①作出的无效宣告请求裁定书中认定商标"carro"与"CARROO"构成近似商标，裁定"carro"商标在"风扇（空气调节）、空气调节设备"类商品上予以无效宣告，在"汽车灯、空气净化用杀菌灯"类商品上予以维持；裁定"carroFan"商标在"灯；电炊具；冷冻设备和装置；风扇（空气调节）；通风设备和装置（空气调节）；个人用电风扇；电风扇；吊扇；水净化装置；电暖器；淋浴热水器"类商品上的注册予以无效宣告，在"电吹风"类商品上的注册予以维持。另一方面，某山公司在其产品上广泛使用"carro"标识，并宣称使用该标识是对其在先商标"CARROO"的近似使用，同时，某山公司大量抢注与"carro"相似的商标。

表 9-1 商标对比

佛山市启正电气有限公司	某山公司
第 13168193 号"carro"商标	第 6433535 号"CARROO"商标
carro	CARROO

---

① 2018 年机构改革后，该机构及职能被划入国家知识产权局。

表 9-2 商标对比

佛山市启正电气有限公司	某山公司
第 28986764 号"carroFan"商标	第 6433535 号"CARROO"商标
carroFan	CARROO

启正电气对上述无效宣告裁定表示不服，并向法院提起行政诉讼。在启正电气与国家工商行政管理总局商标评审委员会、国家知识产权局的一审行政判决中，法院驳回了启正电气的诉讼请求，二审维持原判。与此同时，某山公司对启正电气提起诉讼，主张启正电气继续使用"carro"商标的行为侵害其"CARROO"商标权。

第三节 什么是许诺销售

我国《专利法》第 11 条规定的许诺销售行为来源于《与贸易有关的知识产权协定》（以下简称《TRIPS 协定》）第 28 条关于"offering for sale"的规定。实践中，企业或个人未经专利权人许可制造侵权产品，在电商平台上进行广告宣传或在博览会、展销会等会场展出促销的现象时有发生。专利权人即使发现了上述行为，也无法立刻主张其权利，这显然损害了专利权人的合法权益。基于此，为了及早制止侵权行为，进一步保护专利权人的合法权益，推进我国的专利制度与国际知识产权制度接轨，在 2000 年修改《专利法》时，在发明与实用新型专利的实施行为中增加了"许诺销售"的有关规定。

许诺销售行为既可以针对特定对象,也可以针对不特定对象,针对特定对象作出销售商品意思表示的定向投送亦属于许诺销售。根据《最高人民法院关于审理专利纠纷案件适用法律问题的若干规定》第18条的规定,《专利法》第11条、第69条所称的许诺销售,是指以做广告、在商店橱窗中陈列或者在展销会上展出等方式作出销售商品的意思表示。将产品通过陈列或演示、列入销售征订单、列入推销广告或者以任何口头、书面或其他方式向特定或不特定对象明确表示销售意愿的行为即构成许诺销售。

许诺销售行为既可以是发出要约,也可以是发出要约邀请。根据《最高人民法院关于审理侵犯专利权纠纷案件应用法律若干问题的解释(二)》第19条的规定,产品买卖合同依法成立的,人民法院应当认定属于《专利法》第11条规定的销售。许诺销售行为的目的指向销售行为,是一种法定的、独立的侵权行为方式,其民事责任承担不以销售是否实际发生为前提。许诺销售在性质上系销售者的单方意思表示,并非以产品处于能够销售的状态为基础,只要存在明确表示销售意愿的行为即可认定为许诺销售。当双方达成合意时,即不再属于许诺销售的范畴,而是属于销售。因此,当销售产品的意思表示内容明确、具体时,即可认定存在许诺销售行为。缺少有关价格、供货量以及产品批号等关于合同成立的条款,并不影响对许诺销售行为的认定。本案中,某山公司在阿里巴巴网站开设店铺上架"56寸直流吊扇带遥控 DC Ceiling Fans 56 inch(rechargeable fan)"产品的相关链接、展示产品的宣传广告等行为,就是一

第九章
启正电气：练好知识产权保护的"铁布衫"功夫

种许诺销售行为。

第四节 峰回路转

产品明明是自主研发的，商标明明是自己在先使用的，却被他人"倒打一耙"，花式"商标碰瓷"该怎么办？启正电气向佛山顺企中心寻求帮助，经过双方共同研究探讨与合理分析，基本可以推断某山公司所提交的证据大概率系伪造，但当前并没有实质证据可以证明（图9-3）。

图9-3 启正电气、佛山顺企中心共同研究和探讨案情

经历了前两次官司的失利，启正电气面临着前所未有的困境。佛山顺企中心和专业律师团队对案情重新进行了全面的梳理和证据的收集，并开展了新一轮的维权反击之战。首先，启正电气以"CARROO"商标连续三年未使用为由，向商标局提起商标撤销的行政诉讼程序，并以此申请中止启正电气与某山公司侵害商标权纠纷一案的审理。庭审过程中，启正电气方认

为，启正电气早在 2013 年 8 月 30 日申请注册了"carro"商标，而某山公司不以使用为目的，恶意购买申请日在先的"CARROO"商标，且某山公司的该商标连续 3 年未使用；某山公司方认为，"CARROO"商标于 2010 年 3 月 28 日核准注册，注册时间明显早于启正电气，且某山公司拥有连续使用该商标的证据。启正电气方随即质疑对方证据的真实性，认为其连续使用商标的证据是伪造的，系私刻公章、制造伪证而获得，并指出某山公司用以证明连续使用该商标证据上公司公章的实际名称与该公司其他购销合同上加盖的公章不符。不仅公章的名称与某山公司对不上，而且盖有该公章的证据亦无法与某山公司的名称相匹配，与某山公司的全称仅一字之差。可见，某山公司明知其所使用的有关材料上加盖的"某山公司"公章是伪造，属于浑水摸鱼行为。经审查，某山公司对于公章与公司名称不符未能作出合理解释，故法院对某山公司提供的相关证据不予采信。法院判决撤销原一审、二审法院判决，撤销商标局《关于第 13168193 号"carro"商标无效宣告请求裁定书》。其次，在该案的上诉行政诉讼中，由于某山公司新提供的商标使用证据存在重大瑕疵，法院依照《商标法》及相关法律规定，依法撤销某山公司的"CARROO"商标。而被告某山公司在无法提供"carro"商标注册人启正电气许可使用授权的情况下，擅自使用上述注册商标生产产品用于销售，构成了商标侵权行为。法院责令被告某山公司立即停止侵害启正电气的注册商标专用权行为并赔偿启正电气经济损失 50 万元。最后，某山公司在己方"CARROO"商标被撤销，启正电气"carro"商标已恢复全部核定使用商品的商标专用权的情况下，坚持提起再

第九章
启正电气：练好知识产权保护的"铁布衫"功夫

审申请。某山公司的行为构成滥用诉讼权利，违反了诚实信用原则，启正电气以"CARROO"被撤销为由，获得胜诉，法院对某山公司的全部诉讼请求均不予支持。①

启正电气与某山公司之间的知识产权纠纷最终以某山公司败诉为结果顺利结束，某山公司的侵权证据系伪造，证据材料上的一字之差，使案情获得全面反转，启正电气赢得了公正的判决。本商标争议案，涉及商标撤销、无效行政程序、商标民事侵权程序，案情一波三折，前后历经三年。佛山顺企中心顿律师表示，保护知识产权是一场持久的战斗，没有任何捷径可走，企业仍需继续努力。

第五节　卷土重来

与某山公司的诉讼正式告一段落，但新的麻烦又接踵而至。启正电气一款带有灯具的吊扇新品在美国某展会参展后，启正电气收到了两封不寻常的邮件：来自美国两家公司的专利侵权律师函。一则来自美国F公司的邮件称启正电气在美参展产品侵犯其专利权，并要求按产品销售价格的4%缴纳专利许可费；另一则称启正电气的产品侵犯其产品专利权。同时，启正电气所有的渠道商均收到了美国一家公司的侵权警告信，为避免知识产权纠纷，相关渠道商纷纷下架了有关产品。佛山顺企中心顿律师表示，涉外知识产权维权与国内知识产权纠纷的复杂程

---

① 详见（2021）粤73民终2341号民事判决书。

度不同,应诉策略也不同。作为被控侵权方必须熟悉该国知识产权法律法规。目前,摆在启正电气面前的只有三条路可走:认怂、死磕、点穴。认怂即先表明企业立场,下架涉案的相关产品,稳定对方,尽可能争取多一些时间来策划行动方案;死磕即坚定表明企业没有侵权事实,并将与之战斗到底;点穴即以柔克刚,先收集关键证据后再一招制敌。启正电气最终决定选择第二条路,正面迎敌,并设法找出关键证据,最优选择是迫使对方和谈。

第六节 迎刃而解

佛山顺企中心积极协调律师、技术人员等组成专家团队,为启正公司海外维权提供专业服务。专业团队帮助启正电气就产品实物展开侵权比对分析与律师函的答复指导。根据启正电气海外负责人阿雅在美国的调查,对方企业官司诉讼缠身,且经常利用专利制度迫使业内竞争对手支付专利许可费或退出市场。经过佛山顺企中心的专家团队研究分析,目前可以采取三步走的策略,一是以向法院提起"不侵权诉讼"的策略来应对对方的起诉,优点是启正电气的涉案产品仍能正常销售,维持企业营运;二是积极应诉,提出对方专利的瑕疵,即明显丧失新颖性与独创性;三是立刻启动专利无效程序,对涉案专利发起无效宣告,一旦该专利被无效成功,专利侵权则不成立。

启正电气通过对对方产品进行技术对比分析,发现其核心部件是来自启正电气,可以由此确定对方产品侵犯了启正电气

第九章
启正电气：练好知识产权保护的"铁布衫"功夫

的专利权，进而可以采取进攻型策略，在美国起诉对方产品侵权，并同步在中国起诉对方 OEM① 厂商生产的产品侵犯启正电气的专利权，使对方陷入两面作战的被动局面。

启正电气按照上述策略，针对其中一封邮件进行回函，对方企业没有再答复。佛山顺企中心建议，没有消息便是最好的消息，但仍需谨慎对待，继续跟进这个案件，确保没有其他风险。针对另外一封邮件，佛山顺企中心将启正电气涉案产品与美国 F 公司的产品进行专利侵权比对。遵循"整体观察、综合判断"原则，分析涉案产品中灯具在整体贡献度中的占比，得出涉案产品与美国 F 公司的产品整体视觉效果相似的结论。由于美国外观设计保护模式与中国不同，启正电气此时尚未在海外布局专利，很可能构成专利侵权。因此，启正电气选择与美国 F 公司达成专利许可协议，确保产品可以进入美国市场。在佛山顺企中心的专业帮助下，启正电气顺利解决了知识产权纠纷，而这一案件也入选了 2020 年顺德知识产权保护与发展六大典型案例。②

经历本次侵权风波后，佛山顺企中心帮助启正电气进行专利比对分析并制定了知识产权海外布局策略。启正电气也根据专利分析和产业技术布局情况及时调整公司的技术研发方向并在海外进行了专利布局申请。目前，启正电气多款拥有自主知识产权的产品已行销海外，取得良好战绩。

---

① OEM（Original Equipment Manufacturer）特指贴牌工厂。
② 详见 https://mp.weixin.qq.com/s/HmyYlrp-tXq6aQ2U8qEeXg。

第七节 知识点总结

1. "微信朋友圈"证据能否作为现有设计抗辩

随着信息科技的更新迭代,"互联网+"已成为当今时代经济和社会发展的特征,以微信、抖音、微博等为代表的新媒体和以广播、电视、报纸等为代表的传统媒体协同发展,实现了信息的多渠道传播和多平台共融。统计数据显示[①],微信用户数量已突破12亿,越来越多的人开始利用微信作为商品交易平台,在微信朋友圈展示、销售商品的情况日益增多,职业、兼职"微商"几乎活跃在每个微信用户的朋友圈中。伴随而来的知识产权纠纷也日益频繁,以微信朋友圈公开的信息作为现有设计抗辩证据的司法案件也屡见不鲜。例如,某山公司提交的公证书中记载了启正电气工作人员朋友圈所展示的吊扇产品部件图片,并以此作为现有设计抗辩的证据。那么,微信朋友圈公开的信息是否构成《专利法》意义上的现有技术或现有设计呢?

(1)《专利法》关于现有技术或设计的界定。我国《专利法》对于现有技术的定义集中于《专利法》第22条第5款、第23条第4款。《专利法》第22条第5款规定,现有技术,是指申请日以前在国内外为公众所知的技术。《专利法》第23条第4

---

① 详见 https://www.gonyn.com/industry/1608887.html。

第九章
启正电气：练好知识产权保护的"铁布衫"功夫

款规定，现有设计，是指申请日以前在国内外为公众所知的设计。根据上述两个条款，认定现有技术应包括以下两点：一是处于公开状态；二是必须在申请日（有优先权的指优先权日）之前公开，公开时间的确定是构成专利法意义上的公开不可或缺的重要因素。公开是指处于公众能够得知的状态，且不包括处于保密状态的技术或设计。

现有技术或现有设计的认定不仅决定该技术方案能否被授予专利权以及专利权的有效性，还决定着专利侵权抗辩能否成立。根据《专利法》第 67 条的规定，在专利侵权纠纷中，被控侵权人有证据证明其实施的技术或者设计属于现有技术或者现有设计的，不构成侵犯专利权。另外，《最高人民法院关于审理侵犯专利权纠纷案件应用法律若干问题的解释》第 14 条规定，被诉落入专利权保护范围的全部技术特征，与一项现有技术方案中的相应技术特征相同或者无实质性差异的，人民法院应当认定被诉侵权人实施的技术属于《专利法》第 62 条规定的现有技术。

根据《专利审查指南》的相关规定，现有技术或设计的公开方式包括在国内外出版物上公开发表、使用公开或以其他方式为公众所知。需要注意的是，处于保密状态的技术内容不属于现有技术，包括受保密规定或协议约束的情形，以及默契保密的情形（即社会观念或者商业习惯上被认为应当承担保密义务的情形）。未经技术或设计所有人或专利权人同意，负有保密义务的人违反规定、协议或者默示保密义务而导致技术或设计特征公之于众，使公众能够得知这些技术，涉案技术或设计依然有可能被授予专利权，或并不必然导致专利无效或现有技术抗辩成立。[①]

（2）行政决定书、司法裁判中"微信朋友圈"证据的认定。微信用户在发布朋友圈的时候，可自行选择朋友圈的可见范围，包括"公开"（所有朋友可见）、"仅自己可见"、"部分可见"与"不给谁看"（分组内朋友不可见）。与此同时，朋友圈发布后，微信用户可随时变更朋友圈的可见范围。例如，由"公开"或"部分公开"变更为"私密"即"仅自己可见"，或由"仅自己可见"变更为"公开"，但朋友圈可见范围修改的具体时间他人无从获知。因此，认定微信朋友圈公开的信息是否构成专利法意义上的现有技术或现有设计，存在不确定性。司法实践中，各地法院的认定标准不一。

1）支持观点。在国家知识产权局专利局复审和无效审理部审理的第54296号无效决定书中，合议组认为，随着微信用途的不断扩展，微商群体逐渐形成，主要是以朋友圈信息发布的方式从事商品销售、宣传推广的活动。抱着该目的的微商群体往往希望更多的用户刷到自己朋友圈的信息，故该群体拒绝他人添加好友与限定公开范围的可能性较低。微信朋友圈发布的信息是否处于社会公众想得知即可得知的状态，构成专利法意义上的公开，应从微信用户的身份性质、微信号的主要用途、发布的朋友圈内容等方面进行综合认定。在微信朋友圈公开的内容方面，如果能够明显看出该用户发布朋友圈的目的在于销售、宣传推广产品，具有明示或默示微信好友转发的意愿，可

[①] 张菲菲. 微信朋友圈公布的信息是否构成《专利法》中的现有技术或现有设计？[EB/OL]．（2022-08-09）[2023-11-14]．https://mp.weixin.qq.com/s/Ae0VXtE0KC7QxDYT3t2Jwg．

以预见具有较广传播范围的可能性，应认定朋友圈所示产品图片从其发布之日起就很有可能处于社会公众能获知的状态，从而认定构成专利法意义上的公开。该案件中，合议组从微信用户的职业身份、微信账号的推广用途、朋友圈的主要内容等信息，认定了涉案微信朋友圈出于销售目的。因此，可以推定该用户倾向于尽可能公开朋友圈，而不同于普通生活状态的分享，设置为私密的可能性非常小，故认定其可以作为专利法意义上的公开的现有技术。

在浙江省高级人民法院审理的（2018）浙民终551号案中，法院认为，在涉案朋友圈中发布"门花"产品图片的发布者是上诉人罗某的妹妹，也是罗某公司的职工，其在微信朋友圈中的个性签名内容为"精品铸铝门花，追求艺术品味。欢迎选购，抢购电话182××××1998"；另一涉案微信用户"飞宇公司，陈139××××8756"也是从事门业生产经营的同行。很显然，上述微信用户在朋友圈发布"门花"图片的目的在于希望通过朋友圈推销自家产品，且明确相关产品处于在售状态，公众可以购买使用。经二审当庭核查，上述微信用户均未对朋友圈发布图片的可见时间和范围进行限制。由于上述微信用户在涉案朋友圈发布图片的时间均早于涉案专利的申请日，罗某亦认可被诉侵权设计与涉案朋友圈中发布的图片所载设计无实质性差异，故该款门花产品构成专利法意义上的公开。

在广州知识产权法院审理的（2018）粤73民初1604号案中，对于是否"为公众所知"，法院认为，微信朋友圈及QQ空间作为网络平台，既可以对不特定公众公开发布信息，也可以通过设置访问权限的方式改变相关内容的公开状态。因此，两者均兼具公开性与私密性的双重特点。由于是否在专利申请日前处于完全开放的状态难以从技术上确定，故在审判中应结合具体案情进行判断。本案的微信朋友圈及QQ空间并非仅为私密性的个人使用，上传的内容除相关图片之外，还有联系电话、地址等信息，并有其他款的类似产品图片，发布的用户具有推广营销的意向，即发布的内容具有商业用途。一般而言，具有明显商业用途的微信朋友圈、QQ空间处于不公开的状态不符合常理，在网上交易日趋发达的今天，通过微信朋友圈及QQ空间向公众展示产品并加以销售符合商业交易习惯。

2）反对观点。在国家知识产权局专利局复审和无效审理部审理的第49447号案件中，合议组认为，微信朋友圈发布的信息是否构成专利法意义上的公开，在于判断该信息在涉案专利申请日前是否处于社会公众想得知即可得知的状态，需要考虑微信朋友圈的特点，也需要结合微信用户情况、涉案专利申请日前微信朋友圈发布的内容等。如果综合考量上述因素的前提下，该朋友圈信息在涉案专利申请日前仅仅是在内部展示，不涉及公开销售，也没有希望微信好友多转发的意愿，那么该朋友圈信息处于公众能够获知状态的可能性较低，不能认为其已经构成专利法意义上的公开。

在广州知识产权法院审理的（2019）粤73民初1707号案件中，被告木品轩家具厂、邵某某提交了一份公证书，主张以2018年7月11日"方某某"在"微信"朋友圈上发布的照片作为现有设计的对比文件。合议组认为，《专利法》第23条所规定的"为公众所知"，是指不特定的公众能够获得并知悉现有设计的状态。首先，微信用户在朋友圈发布的内容，并非对所有网络用户公开,其内容仅该微信用户的好友可见,其他人无法通过关键词在网络平台上进行检索查阅。其次,即使对于微信好友,微信用户也可以通过"谁可以看"设置,使部分好友或全部好友无法阅读其发布的朋友圈信息。本案中,木品轩家具厂、邵某某依照现有的证据材料无法证明"方某某"在2018年7月11日发布对比设计的图片时,其当时朋友圈权限是否为向所有朋友开放。因此,微信朋友圈即使传播速度较快,但其根本上仍然有区别于博客、微博等对不特定用户公开的产品,具有一定的私密性,木品轩家具厂、邵某某提供的微信朋友圈照片,不能作为现有设计的对比文件。故对该项现有设计抗辩,法院不予支持。

在山东省济南市中级人民法院审理的(2020)鲁01民初3301号案件中,被告瀚林公司以微信朋友圈和抖音视频截图作为现有设计进行侵权抗辩。法院认为,该两种方式是否属于公开,双方当事人存在争议,而且即使属于公开,根据《专利法》第24条第(三)项规定,申请专利的发明创造在申请日以前六个月内,他人未经申请人同意而泄露其内容的,不丧失新颖性。根据查明的事实,微信和抖音用户所公布的沙发图片明确显示为"赖氏家具",为原告的涉案专利产品,虽然公布时间在专利申请日之前,但也仅仅最多早一个多月的时间,原告法定代表人赖某某想将该外观设计申请专利权,表明其没有在专利申请日前将其对外公开的主观意图,被告还需进一步举证证实上述微信和抖音用户公布"赖氏家具"沙发图片是在原告同意的情况下主动公开的,而被告对此未提供证据证实,应推定他人未经专利申请人同意而泄露其内容,属于违反专利申请人本意、不丧失新颖性的公开，因此，微信和抖音用户所公开的沙发图片对涉案专利不构成现有设计，被告以此作为现有设计抗辩，不予支持。

（3）有关建议。通过对获得法院支持的案例分析可知，微信朋友圈公开的信息很有可能导致技术方案或设计成为专利法意义上的现有技术或设计。对于微信朋友圈信息作为现有设计存在较大争议，争议焦点主要在于微信朋友圈内容的公开性、公开时间。[①] 法院在具体审理中结合了涉案微信用户的身份、朋友圈长期以来发布的内容、是否具有商业推广或销售商品的目的、涉案技术或设计公开的实际细节、添加好友是否需要验证及验证的程度等信息进行综合判断。可见，朋友圈证据构成现有设计公开附有一定条件，具体包括：①微信具有商业用途；②微信添加好友不设限制。反之，其余未获支持的案例均是从微信添加好友设置限制的角度否认其公开性。[②] 不少法院认为，微信添加好友设置验证是"为公众所知"的客观障碍。因此，建议企业在未向国家知识产权局提交专利申请之前，尽可能避免在微信朋友圈、抖音或其他网络平台公布相关的技术方案或产品设计，以免影响专利权的新颖性与稳定性。

2. 美国知识产权环境

随着中国创新能力的提升，对外贸易业务不断拓展，高技

---

① 朱金龙. 新媒体网络证据作为现有技术或现有设计的应用与思考［J］. 专利代理，2020（4）：24-28.

② 管巧丽. 微信朋友圈展示是否构成专利法意义上的公开？［EB/OL］.（2022-05-12）［2023-11-14］. https://mp.weixin.qq.com/s/OvXQvobt-MIqCKoNJkFetQ.

第九章
启正电气：练好知识产权保护的"铁布衫"功夫

术含量产品出口比例不断提高，越来越多中国企业赴美投资建厂，开辟海外市场，而如何应对海外知识产权风险与挑战是企业"走出去"战略中要首先做好的必修课。本案中，启正电气在美国市场面临涉外知识产权维权困境时，对美国知识产权制度缺乏了解的问题就比较明显。对于进军美国市场的中国企业而言，学习了解美国知识产权制度也显得尤为重要。

（1）美国知识产权法律法规与相关机构。美国是一个非常重视知识产权保护的国家，知识产权法制非常完善，已形成一套完整的知识产权法律体系，侵犯知识产权的判赔金额也很高。以常见的专利纠纷为例，侵权判赔金额从几百万美元到数亿美元不等。美国知识产权法律主要包括以下几种：专利法，包括对发明专利、外观专利及植物专利的保护；版权法，对固定于任何有形表现媒介中的独创作品均予以版权保护；商标法，注册的标志可以是姓名、符号、文字、标识语、图案等；商业秘密法，保护对象可以是产品的公式、设计、编辑的数据、顾客名录等；美国《1930年关税法》，包含著名的"337条款"；反垄断法，一旦企业被裁定有垄断嫌疑，将可能面临罚款、监禁、赔偿、民事制裁、强制解散、拆分等多种惩罚。此外，美国的每个州都有自己独立的法律，以及与之有关的商标、版权、商业秘密和不正当竞争的规定，可能与联邦法律有一些细微的差别，诉讼中应注意这一点。

美国的知识产权管理机构包括：专利商标局，主要承担专利、商标的登记、审查、公开等事务性工作；美国国会图书馆下设的版权局，主要负责美国的版权登记管理。美国的司法方面，联邦地区法院负责审理涉及版权、注册商标、专利、植物品种、集成电路布图设计等知识产权侵权案件。上诉案件由联邦巡回上诉法院管辖，当事人若对联邦巡回上诉法院之判决不服，可以向美国最高法院申请上诉。比较特殊的是，美国国际贸易委员会对根据美国《1930年关税法》第337节规定的案件（包括侵犯知识产权的进口商品的案件）拥有管辖权（图9-4）。

图9-4 美国知识产权管理机构

（2）美国知识产权司法保护体系。美国法院可分为联邦法院与州法院，州法院与联邦法院之间不存在从属关系。

州法院系统。美国各州的州法院依据各州的宪法而建立，一般分为具有有限管辖权的州初审法院、具有普遍管辖权的州初审法院、州上诉法院和州最高法院。具有有限管辖权的初审法院一般处理争议金额不太大的民事案件与交通违法案件，部分法院还审理离婚诉讼、子女监护权等家庭案件；具有普遍管辖权的州初审法院对各种案件均有管辖权，包括民事争议与刑事指控，某些情形下还可以受理来自具有有限管辖权的州法院上诉案件。州上诉法院通常不受理新的案件，亦不审查事实问题，但可以审查法律问题。只有当发现州初审法院查明的事实有明显错误或根本没有证据支持时，才能对事实问题提出疑问。州最高法院所作出的判决属于终审裁判，只有当判决涉及联邦法律问题时，联邦最高法院才能推翻该判决。

第九章
启正电气：练好知识产权保护的"铁布衫"功夫

联邦法院系统。联邦法院又分为联邦地区法院、联邦巡回上诉法院和联邦最高法院。联邦法院的法官由美国总统提名后经参议院批准，且为终身制。联邦地区法院审理涉及联邦事务的案件，如联邦刑事犯罪和执行联邦法律的事项。此外，如果原告与被告来自不同的州或国家，即使这个案件可以根据州的法律主张权利，联邦地区法院仍具有管辖权。联邦上诉法院负责审理其所在的巡回司法管辖区内联邦地区法院的上诉案件。联邦最高法院只对有限的案件具有初审管辖权，如案件涉及两个州或涉及大使的案件，其职能更多是受理上诉。联邦最高法院可以接受联邦巡回法院的上诉，也可以接受州最高法院的上诉。每年都有几千起案件申请联邦最高法院审理，实际上只有不到100个案件最终会得到联邦最高法院的受理。

知识产权纠纷的管辖法院。由于美国知识产权法律以联邦法律为主，因此联邦法院系统具有更多的司法管辖权。一般的知识产权案件先由联邦地区法院一审，对判决不服可上诉至联邦巡回上诉法院，还可以上诉至联邦最高法院。由于联邦最高法院只受理有典型代表意义的案件，在知识产权诉讼中联邦巡回上诉法院的判决具有关键性的作用。需要特别指出的是，联邦巡回上诉法院对专利诉讼具有排他性的上诉管辖权。商标方面，联邦与各州法院系统均有司法管辖权。商业秘密方面，其属于州立法范畴，不存在联邦法意义上的商业秘密法，因此有关商业秘密的案件通常由州法院上诉解决（图9-5）。

针对美国专利商标局的决定不服的司法救济。美国专利商标局负责审查专利与商标申请及处理诸如专利无效、商标争议等案件，如果申请人对审查员的决定不满意，可以向专利商标局内部的专利或商标审判复审委员会提出复审。审判复审委员会可以认可审查员的决定，也可以对审查员的决定作出修改。对审判复审委员会的决定不服的申请人，可以直接向联邦巡回上诉法院起诉，也可以向联邦地区法院提起民事诉讼。联邦巡回上诉法院根据美国专利商标局的记录，对审判复审委员会的决定进行复审，只有在审判复审委员会不能提供实质性支持证据的情况下，才可以否定美国专利商标局的事实认定。

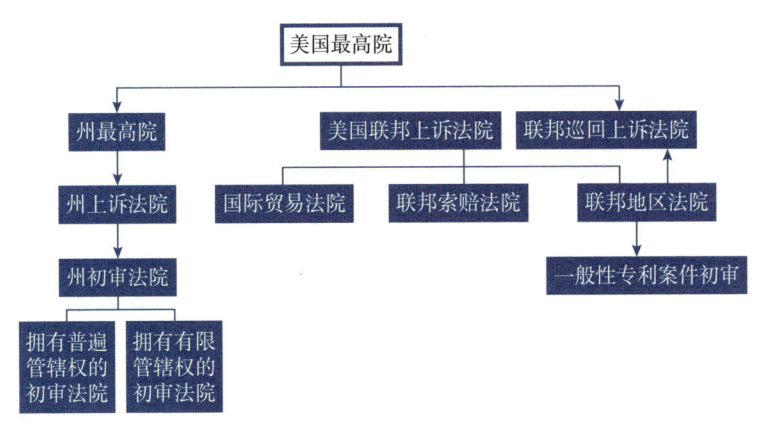

图 9-5 美国知识产权司法保护体系

3. "撤三"案件中提供虚假或伪造证据有什么法律后果

（1）什么是"撤三"。我国《商标法》第 49 条第 2 款规定，注册商标没有正当理由连续三年不使用的，任何单位或者个人可以向商标局申请撤销该注册商标。该条款旨在注册商标没有持续使用的前提下，赋予社会公众撤销的权利，即"法律不保护躺在权利上睡觉的人"。

(2) 商标"撤三"制度相关汇编。

1)《商标法实施条例》第 66 条:

有商标法第四十九条规定的注册商标无正当理由连续 3 年不使用情形的,任何单位或者个人可以向商标局申请撤销该注册商标,提交申请时应当说明有关情况。商标局受理后应当通知商标注册人,限其自收到通知之日起 2 个月内提交该商标在撤销申请提出前使用的证据材料或者说明不使用的正当理由;期满未提供使用的证据材料或者证据材料无效并没有正当理由的,由商标局撤销其注册商标。

前款所称使用的证据材料,包括商标注册人使用注册商标的证据材料和商标注册人许可他人使用注册商标的证据材料。

以无正当理由连续 3 年不使用为由申请撤销注册商标的,应当自该注册商标注册公告之日起满 3 年后提出申请。

2)《最高人民法院关于审理商标授权确权行政案件若干问题的规定》第 26 条:

商标权人自行使用、他人经许可使用以及其他不违背商标权人意志的使用,均可认定为商标法第四十九条第二款所称的使用。

实际使用的商标标志与核准注册的商标标志有细微差别,但未改变其显著特征的,可以视为注册商标的使用。

没有实际使用注册商标,仅有转让或者许可行为;或者仅是公布商标注册信息、声明享有注册商标专用权的,不认定为商标使用。

商标权人有真实使用商标的意图,并且有实际使用的必要准备,但因其他客观原因尚未实际使用注册商标的,人民法院可以认定其有正当理由。

3)《最高人民法院关于审理商标授权确权行政案件若干问题的意见》第 20 条：

人民法院审理涉及撤销连续三年停止使用的注册商标的行政案件时，应当根据商标法有关规定的立法精神，正确判断所涉行为是否构成实际使用。

4)《北京市高级人民法院商标授权确权行政案件审理指南》：

19.5【"违法"使用的认定】

商标使用行为明确违反商标法或者其他法律禁止性规定的，可以认定不构成商标使用。

19.6【使用主体的认定】

商标法第四十九条第二款规定的"连续三年不使用"中的"使用"主体，包括商标权人、被许可使用人以及其他不违背商标权人意志使用商标的人。商标权人已经对他人使用诉争商标的行为明确表示不予认可，在商标权撤销复审行政案件中又依据该他人的行为主张使用诉争商标的，不予支持。

19.7【非规范商品的认定】

实际使用的商品或者核定的商品不属于《类似商品和服务区分表》中的规范商品名称，在认定具体商品所属类别时，应当结合该商品功能、用途、生产部门、消费渠道、消费群体进行判断，并考虑因消费习惯、生产模式、行业经营需求等市场因素，对商品本质属性或名称的影响，作出综合认定。

19.9【维持注册范围】

诉争商标在核定商品上构成使用的，可以维持与该商品类似的其他核定商品上的注册。

认定前款所指的类似商品，应当严格按照商品的功能、用途、生产部门、消费渠道和消费群体进行判断，一般依据《类似商品和服务区分表》进行认定。

19.15【指定期间后的使用】

指定期间之后开始大量使用注册商标的，一般不构成在指定期间内的商标使用，但当事人在指定期间内使用商标的证据较少，在指定期间之后持续、大量使用诉争商标的，在判断是否构成商标使用时可以综合考虑。

19.16【单纯出口行为的认定】

使用诉争商标的商品未在中国境内流通且直接出口的，诉争商标注册人主张维持注册的，可以予以支持。

（3）"撤三"案件中提供虚假或伪造证据的法律后果。我国《行政诉讼法》第59条明确规定："诉讼参与人或者其他人有下列行为之一的，人民法院可以根据情节轻重，予以训诫、责令具结悔过或者处一万元以下的罚款、十五日以下的拘留；构成犯罪的，依法追究刑事责任：……（二）伪造、隐藏、毁灭证据或者提供虚假证明材料，妨碍人民法院审理案件的。……"而北京市高级人民法院在《关于当前知识产权审判中需要注意的若干法律问题》中就连续三年停止使用注册商标的审查问题表示，如果商标注册人提供的部分使用证据系伪造，则应当对所有证据从严审查，相应提高证明标准，并应当对伪造证据的行为进行处罚，以儆效尤。

司法实践中，北京知识产权法院对提供虚假或伪造证据行为的判罚态度是非常坚决的。在相关商标权撤销复审行政纠纷案件中，第三人吉林绿森林公司、天津中英公司、毛某分别为第8403409号"绿森林小屋"商标、第8072396号"原晒"商标、第3084001号"茶马古道及图"商标的权利人。而上述商标均被他人提出连续三年不使用撤销申请，国家知识产权局作出撤销决定、后经复审决定对上述商标予以维持注册。撤销申请人对上述决定不服，诉至北京知识产权法院。法院经审理发现，第三人在复审期间提交的发票证据与国家税务总局全国增值税发票查验平台查询结果不一致，具体表现在商品名称、商品品牌、销售方及纳税人识别号等信息与实际不符。法院责令吉林绿森林公司、天津中英公司、毛某提交证据原件，并释明伪造证据的法律后果，但上述主体均未对不实之处作出合理解释。最终，北京知识产权法院依法认定上述证据系伪造，无法证明涉案商标的使用，依法撤销国家知识产权局作出的决定。同时，根据我国《行政诉讼法》第59条的规定，对诉讼参与人伪造、隐藏、毁灭证据或者提供虚假证明材料，人民法院可以根据情节轻重，处一万元以下的罚款。鉴于上述案件中的伪证行为，严重妨害了法院依法查明事实，扰乱了正常的诉讼秩序，损害了司法活动的严肃性、权威性，北京知识产权法院对吉林绿森林公司、天津中英公司各罚款一万元，对毛某罚款共计三万元。[①]

---

① 杜文婷，聂菲. 8起商标行政诉讼第三人提供虚假证据，北京知产法院：罚！！！[EB/OL]. (2020-12-19)[2023-11-14]. https://mp.weixin.qq.com/s/XVvipYf2xRZFce719TQ_WQ.

参考文献

[1] 聂兰兰. 通过"专利布局评价两步策略"评价专利布局网研究[J]. 中国发明与专利, 2021, 18（S1）：18-23.

[2] 朱宝华. 浅谈如何撰写高质量专利申请文件[J]. 中国发明与专利, 2019, 16（3）：95-100.

[3] 曹新明, 杨绪东. 我国加入《海牙协定》对外观设计保护的影响[J]. 知识产权, 2022（3）：33-49.

[4] 孙那, 鲍一鸣. 恶意抢注商标与在先权利冲突的司法解决路径研究[J]. 电子知识产权, 2023（7）：4-14.

[5] 易继明. NPE诉讼中的司法政策[J]. 知识产权, 2023（4）：3-27.

[6] 墨杰斯, 等. 新技术时代的知识产权法[M]. 齐筠, 等译. 北京：中国政法大学出版社, 2003：443.

[7] 杨蔚玲, 汪澍, 王媛媛. 我国北斗企业"走出去"进程中的知识产权风险及其应对[J]. 电子知识产权, 2022（12）：108-116.

[8] 王敏, 田泽. 中美"337调查"贸易摩擦研究[M]. 北京：知识产权出版社, 2014：14.

[9] 魏雅丽. 从华为胜诉337案看美国"337调查"的应对策略[J].

江苏商论，2022（5）：37-39.

[10] 吴汉东.《民法典》知识产权制度的学理阐释与规范适用［J］. 法律科学（西北政法大学学报），2022，40（1）：18-32.

[11] 马一德. 知识产权司法现代化演进下的知识产权法院体系建设［J］. 法律适用，2019（3）：39-50.

[12] 李文江. 专利开放许可的制度优势、实施障碍和促进机制［J］. 电子知识产权，2023（8）：19-31.

[13] 朱金龙. 新媒体网络证据作为现有技术或现有设计的应用与思考［J］. 专利代理，2020（4）：24-28.

[14] 杨恩义. 浅论商标撤销复审案件中的虚假证据问题［J］. 中华商标，2018（9）：57-61.

[15] 孔祥俊. 反不正当竞争法新原理分论［M］. 北京：法律出版社，2019：381.

[16] 娄必县. 高校知识产权运营的类型分析与圈层构建［J］. 中国高校科技，2024（1）：19-26.

[17] 晏凌煜，尹腊梅. 浅析商业秘密之秘密性的司法鉴定［J］. 中国司法鉴定，2015（1）：9.

[18] 刘尚，何春江，李岩. 基于权利要求分析的专利规避方法研究［J］. 齐齐哈尔大学学报（自然科学版），2018，34（4）：61-64.

[19] 边仁君. 规制专利非实施主体的正当性判断及检验［J］. 中外法学，2023，35（6）：1616-1635.

[20] 刘孔中，李文博. 论商业秘密保护及其过度保护的问题［J］. 知识产权，2022（5）：74-90.

[21] 杨阳腾. 一根自拍杆的"逆袭"［EB/OL］.（2020-12-19）［2023-11-17］. https://baijiahao.baidu.com/s?id=1686476478787940880&wfr=spider&for=pc.

[22] 李淼. 基于专利组合模式的布局设计研究 [D]. 天津：河北工业大学，2023.

[23] 王志超，张爻晟. 双环汽车与本田株式会社外观设计专利纠纷案浅析 [J]. 知识产权，2017（9）：33-36.

[24] 科创江北. 企业要申请知识产权贯标吗？有什么好处？[EB/OL]. (2023-07-20) [2023-11-17]. https://mp.weixin.qq.com/s/jxN6RD8SO_WvyVG0oFEEnw.

[25] 魏文，武子晔，唐柳杨. 造车新势力专利大比拼："蔚小理"头部地位何以为继？[N]. 第一财经日报，2023-08-08（A10）.

[26] 赵大武. 企业知识产权管理经验分享 [EB/OL]. (2021-01-11) [2023-11-17]. https://mp.weixin.qq.com/s/PfxIVrhVLhHiMjOTah-PUNw.

[27] 雨飞工作室. 6年完成从成立到上市，亿航发展历程全回顾 [EB/OL]. (2019-12-14) [2023-11-17]. https://mp.weixin.qq.com/s/AYPJX4fo-6P3mKmt-kZwUw.

[28] IPRdaily 中文网. 从企业 IPR 到企业 VP，跨越二十年的职场成长对话——求知创新　向阳而行 [EB/OL]. (2023-04-03) [2023-11-17]. https://www.163.com/dy/article/I1DG7ET40511BK66.html.

[29] 罗澜. NPE 专利运营的正当性及权利滥用的规制 [D]. 广州：华南理工大学，2021.

[30] 科睿唯安. 非实施实体（NPE）在中国大陆的专利诉讼前景——亚太知识产权 2020 年度报告 [EB/OL]. (2020-06-30) [2024-01-19]. https://mp.weixin.qq.com/s/Yy6HbzscpPFil6PjNwF-Sw.

[31] 金利娜. NPE 专利运营的正当性及其法律规制 [D]. 南昌：江西财经大学，2023.

[32] 刘海波，吕旭宁，张亚峰. 专利运营论 [M]. 北京：知识产权

出版社，2017：219-221.

[33] 贾旭. 企业做好专利布局规划有哪些实体性要求？[EB/OL]. (2022-12-07) [2023-11-17]. https://mp.weixin.qq.com/s/fht_jzyBrOyMJ0OgF4dYgg.

[34] 黄芸. 美国涉华"337调查"的现状及中国应对新策 [J]. 对外经贸实务，2021（5）：56-59.

[35] 周雨萌. 华思旭科技：首创锂电汽车启动电源让民族品牌挺直"腰杆" [EB/OL]. (2023-03-25) [2023-11-17]. https://baijiahao.baidu.com/s?id=1761270470958182106&wfr=spider&for=pc.

[36] 闵森. 美国"337调查"的法律程序 [J]. 中外企业文化，2019（1）：42-44.

[37] 周才淇. 中国企业的海外知识产权布局与风险防范策略 [EB/OL]. (2023-06-26) [2023-11-17]. https://mp.weixin.qq.com/s/kVaUxLkk75jSdRJGzE4TgA.

[38] 正和岛. 25年，从0到200亿！立白陈凯旋罕见自述：我的8条人生理念 [EB/OL]. (2019-08-24) [2023-11-17]. https://www.sohu.com/a/336098707_378279.

[39] 何泳. 深圳查获一批假冒伪劣"立白"洗衣粉 几招教你分辨真假！[EB/OL]. (2022-11-08) [2023-11-17]. https://www.zgdjw.com/index.php?c=article&id=5044.

[40] 刘小鹏. 商标侵权案中商标使用的认定 [J]. 中国审判，2021（15）：80-82.

[41] 罗冠春. 商标小课堂上课啦！不规范使用注册商标存在哪些风险？[EB/OL]. (2023-08-23) [2023-11-18]. http://www.cnipr.com/xy/swzs/ipzs/202308/t20230823_252309.html.

[42] 黄埔海关. 知识产权海关保护知多少 [EB/OL]. (2021-04-24)

［2023-11-17］. https：//mp. weixin. qq. com/s/QSoeL1ujgzZgMGANiJD-cbA.

［43］无忧无律打假公司. 品牌打假的方式有哪些［EB/OL］.（2023-08-03）［2023-11-17］. https：//baijiahao. baidu. com/s?id=1773169566303719302&wfr=spider&for=pc.

［44］林志涛，郭金霞. 一文了解电子商务平台知识产权维权事宜［EB/OL］.（2019-05-14）［2023-11-17］. https：//mp. weixin. qq. com/s/PySt7igjNcY__LisBOO31g.

［45］张菲菲. 微信朋友圈公布的信息是否构成《专利法》中的现有技术或现有设计？［EB/OL］.（2022-08-09）［2023-11-14］. https：//mp. weixin. qq. com/s/Ae0VXtE0KC7QxDYT3t2Jwg.

［46］管巧丽. 微信朋友圈展示是否构成专利法意义上的公开？［EB/OL］.（2022-05-12）［2023-11-14］. https：//mp. weixin. qq. com/s/OvXQvobt-MIqCKoNJkFetQ.

［47］杨恩义. 浅论商标撤销复审案件中的虚假证据问题［J］. 中华商标，2018（9）：57-61.

［48］杜文婷，聂菲. 8起商标行政诉讼第三人提供虚假证据，北京知产法院：罚！！！［EB/OL］.（2020-12-19）［2023-11-14］. https：//mp. weixin. qq. com/s/XVvipYf2xRZFce7l9TQ_WQ.